LES " SECRETS "
DE LA MUSIQUE ANCIENNE

A. GEOFFROY-DECHAUME

LES " SECRETS "
DE LA
MUSIQUE ANCIENNE

Recherches sur l'interprétation
XVIe-XVIIe-XVIIIe siècles

ÉDITIONS FASQUELLE

INTRODUCTION

L'une des caractéristiques du siècle dernier fut ce mouvement de curiosité nostalgique qui le porta vers la découverte et le goût des choses du passé dans tous les domaines.

Venant après le refus d'héritage et la rupture dans les traditions qui marquèrent la fin du classicisme et le début du romantisme, cet engouement sans précédent pour toute antiquité traduisait sans doute l'aspiration profonde d'une humanité quelque peu désemparée à la recherche de ses origines. Toujours est-il que cet engouement auquel se mêlait l'attrait du pittoresque donna naissance à une conception neuve du sens historique. Il fut à l'origine des travaux qui amenèrent la restauration des monuments du Moyen Age, la création de nombreux musées publics de peinture et de sculpture et l'élargissement des connaissances et des cultures nationales du point de vue littéraire et poétique.

Le domaine musical fut également exploré, et de nombreuses éditions ou rééditions de musique ancienne virent le jour en même temps qu'une science nouvelle : la musicologie. Mais à la grande différence des arts immédiatement perceptibles, la nécessité pour la musique de trouver des traducteurs la plaçait en l'occurrence dans une situation particulièrement délicate. Les musiciens, débutant sur de nouvelles bases, ne pouvaient imaginer que les signes de la musique aient pu se lire autrement qu'ils ne les lisaient eux-mêmes ; ils n'avaient pas la moindre notion des très anciennes conventions qui, naguère encore, régissaient l'exécution musicale; surtout, il ne leur venait pas à l'esprit que l'on pût avoir une autre esthétique que la leur. Aussi jouèrent-ils en toute bonne foi les maîtres anciens comme ils jouaient Méhul ou Mendelssohn, Meyerbeer ou Boieldieu. Une musique hybride, souvent gauche et plate, en résulta, mais le mouvement général d'intérêt pour la chose passée était tel, que l'on poursuivit l'expérience avec une louable patience et une indulgence très grande envers ces ancêtres si peu doués. Il arrivait pourtant que ces explorateurs rencontrassent des œuvres qui leur semblaient se rapprocher de leur propre conception de l'art. On parlait alors de précurseurs.

C'est sur de telles tentatives que s'est établie une hiérarchie des valeurs musicales du passé qui fait encore autorité. Les appréciations de l'histoire de la musique n'ont pas d'autre fondement. Cette exécution choquante finit par faire école, et c'est à une sorte de tradition que se heurtent les enseignements authentiques et les preuves accumulées depuis un demi-siècle contre cette étonnante et monumentale fausse route artistique.

De simples comparaisons eussent dû cependant, semble-t-il, avertir le public éclairé du manque d'authenticité de la musique ainsi présentée. Pour ne parler que de la France, comment admettre par exemple qu'une société spirituelle et cultivée, qui lisait les *Lettres persanes* et prisait les chefs-d'œuvre d'un Gabriel ou d'un Watteau, ait pu se complaire aux fades niaiseries servies depuis sous le nom de « musique Louis XV », et comment la sensibilité, la bonhomie, la gaieté malicieuse qui se délectaient en Molière et La Fontaine eussent-elles supporté seulement un quart d'heure du Lully froid, solennel et plat, d'un incommensurable ennui, que nous connaissons ? On pourrait croire également que l'étude de la chorégraphie et la reconstitution des ballets des anciens opéras auraient contribué à redonner de la vie à la musique, ne serait-ce que par une plus juste approximation des *tempi*, mais il n'en fut rien : par la consécration de la danse, certaines erreurs de *tempo* font même figure de monuments historiques. Les chorégraphes exhumèrent sans doute des pas authentiques, mais ils les appliquèrent comme ils purent sur la musique qui leur était jouée. C'est ainsi, par exemple, que sous le nom de menuet apparut une danse inconnue. Alors que les pas du véritable menuet ne prenaient appui que sur les premiers temps de la mesure, ce qui donnait une danse calme sur une musique rapide, accentuée comme un 6/8, les pas de la danse reconstituée, jouée trop lentement, se placèrent tout naturellement sur chacun des temps de la mesure, et le résultat en fut une danse bousculée sur une musique ridiculement lente, dont on accentua chaque temps. C'est encore actuellement « le menuet classique » pour la majorité des musiciens.

Se fiant constamment, semble-t-il, à la compétence de leurs prédécesseurs, les musiciens depuis lors ne se tournèrent guère vers les écrits du temps concernant l'exécution que pour la traduction des signes d'agréments, qui représentaient, pensait-on, l'unique particularité de la musique ancienne. Encore trouva-t-on souvent plus commode d'ignorer ce problème.

Le mouvement qui se dessine actuellement en faveur d'une restauration véritable des chefs-d'œuvre du passé implique, d'une part, un retour aux sources : l'on comprendra que les éditions courantes établies sans les connaissances nécessaires puissent être sujettes à caution. L'étude des anciens traités d'exécution, tellement négligée jusqu'à ce jour, devient indispensable d'autre part.

Tirés de ces traités, les exemples cités dans les pages suivantes, quoique appartenant à des périodes diverses, offrent cependant des similitudes frappantes. Ils font apparaître les traits dominants d'une ère musicale durant laquelle la notation simplifiée, à la manière d'une sténographie, comportait les mêmes sous-entendus. Comparables aux cuisiniers qui savent apprêter selon les recettes traditionnelles les divers produits de la terre, les interprètes de cette ère révolue faisaient de la musique à partir de l'écriture considérée comme une matière première.

Le rôle actuel de l'interprète est tout autre : c'est celui d'un serveur entraîné qui doit présenter les plats avec élégance et dextérité... mais ceux-ci sont faits d'avance. Veut-il nous faire un menu de l'ancien temps, que tout naturellement ce seront des viandes crues qui apparaîtront sur la table. Son habileté ne lui servira de rien, celles-ci n'en seront pas moins indigestes.

De tout temps les musiciens, et particulièrement les exécutants, se sont considérés comme indiscutablement supérieurs à ceux des générations précédentes. En l'occurrence, l'Histoire appréciera sans doute à sa juste valeur l'attitude et l'effort des musiciens de notre temps, qui auront su admettre l'utilité d'une technique à laquelle rien ne les avait préparés. Cette technique instrumentale et vocale perdue étant seule susceptible de permettre la révélation d'une musique méconnue, que l'on appelle « la musique ancienne ».

I

RYTHME

Il existe deux types de notation musicale. Le premier, équivalent du croquis pour le peintre, n'est qu'une indication que doit nécessairement compléter l'exécutant; l'autre est censé représenter l'exécution elle-même. L'écriture musicale de nos jours appartient à ce deuxième type de notation; jusqu'au XIXe siècle, elle se rattachait au premier. Il ne suffisait donc pas autrefois d'avoir appris le solfège pour déchiffrer correctement une page de musique :

De même qu'il y a une grande différence entre la grammaire et la déclamation, plus grande encore est la différence entre la théorie musicale et l'art de bien jouer.

François Couperin, *L'art de toucher le clavecin*, Paris, 1717.

Un ensemble de « règles de goût » devait compléter cet enseignement pour en arriver à la musique telle qu'elle se pratiquait en marge de l'écriture. Quoique superflues pour la majorité des élèves qui bénéficiaient des exemples et de l'ambiance du temps, quoique parfois difficiles à formuler du fait de leur subtilité, ces règles n'en apparaissent pas moins dans la plupart des ouvrages traitant de l'exécution musicale, au premier rang desquels figurent les traités français et allemands, particulièrement soucieux de précision. C'est en recueillant ces conseils que l'on parvient à faire réapparaître le système tout entier à la lumière duquel l'écriture ancienne peut reprendre sa véritable signification.

. . . .

La figuration musicale du Moyen Age, au XIVe siècle notamment, avait atteint un haut degré de complexité :

*La notation de l'*Ars Nova *comprenait déjà presque toutes les plus importantes des caractéristiques qui donnent ses diverses possibilités à notre système actuel. Si même les symboles n'en furent pas tous uniformément adoptés aux XIVe et XVe siècles, et que, pour une même chose, une grande profusion de signes divers avait cours, la parenté avec la notation moderne n'en existait pas moins.*

Il restait aux siècles suivants à rejeter les symboles superflus et à systématiser les plus importants.

Gustave Reese, *Music in the Middle Ages*, 1940.

Ces symboles « les plus importants » pour des techniciens établissant un système étaient notamment ceux qui s'intégraient le mieux dans ce nouveau système; les autres se trouvèrent rejetés, aussi bien que les « symboles superflus » et ne furent jamais remplacés. De nos jours, cependant, l'on peut observer que les traductions de musique du Moyen-Age ont constamment recours à la formule  ou . Celle-ci représente l'une de ces possibilités du Moyen Age abandonnés au XVIe siècle — en apparence du moins. En effet l'écriture n'en donne pour ainsi dire aucun exemple jusqu'au XIXe siècle. Schubert et Chopin s'en passent encore.

Exemples :

F. Schubert, *Winterreise* (*Erstarrung*, mesure 24).

F. Chopin, *Polonaise VIII*, opus 61.

ÉCRITURE EN NOTES ÉGALES

Cette importante simplification qui s'opéra dans le premier quart du XVIe siècle répondait avant tout à la nécessité nouvelle, pour la musique, de se faire imprimer. Ce fut une révolution d'origine typographique, mais il va sans dire que l'exécution musicale n'en fut pas affectée[1]. La variété rythmique, implicite de l'ancienne notation, n'avait nullement disparu, mais à cette écriture épurée, il fallait, sous peine de sécheresse, un système annexe de conventions. Celles-ci portaient en particulier sur les notes les plus brèves utilisées dans un type de mesure. Leur but : mettre en valeur les unités rythmiques représentées généralement par les valeurs immédiatement supérieures à ces notes les plus brèves. Ainsi, dans une mesure où l'unité rythmique était la blanche, ces conventions s'appliquaient aux noires :

La manière de bien chanter les demi-minimes (noires) *en ces signes diminués* (signes de mesure) $\phi \; \mathcal{C} \; O^2 \; C^2 \; O \; C$. *est de les chanter comme de deux en deux, demourant quelque peu de temps davantage sur la première que sur la seconde;*

1. Elle ne commença de l'être que du jour où l'on se mit à prendre au sérieux le schéma graphique, c'est-à-dire au XIXe siècle. La musique populaire, ou assimilée, seule, continua de faire entendre ce qui ne s'écrit pas. Bal musette ou jazz en sont d'actuels témoignages parmi bien d'autres.

comme si la première avait un poinct, et que la seconde fût une fuse (croche)... comme il s'ensuit :

Dans une mesure où l'unité rythmique était la noire (comme dans notre mesure à ¢) ces conventions s'appliquaient aux croches :

Il faudra faire le semblable des fuses en ces signes entiers (signes de mesure) : O C O² C².

ainsi : 

Loys Bourgeois, *Le droict chemin de musique*, Genève, 1550.

Peu après *Le droict chemin de musique*, un important traité espagnol donne les exemples suivants pour l'exécution des noires et des croches notées égales, dans le chapitre intitulé : « *De la manière de jouer avec le bon rythme.* » Ex. 1 :

NOIRES

CROCHES

Et que l'on s'avise bien, dit le texte, *que les notes ainsi écourtées ne le soient pas trop, mais seulement un peu.*

Après avoir précisé que les noires ne se jouent que d'une manière, l'auteur indique une deuxième manière de jouer les croches. Le renversement du rythme ci-dessus, c'est-à-dire : brève-longue, se pratiquait en effet, à l'époque, sans indication spéciale, en particulier dans les passages rapides. Ex. 2 :

Puis vient une troisième manière de jouer les croches, « *la plus raffinée de toutes* » (*la mas galana de todas*) dit l'auteur, dans laquelle celles-ci se jouent quatre par quatre, les trois premières légèrement pressées de manière à permettre une accentuation délicate et une prolongation à peine perceptible de la quatrième [1]. L'auteur renonce à noter cette dernière manière; il se contente de redonner, en valeurs égales, l'exemple musical précédent, un point surmontant la première note de chacun des groupes de quatre.

Exemple :   etc.

Fray Thomas de Sancta Maria, *Arte de tañer Fantasia...*,
Valladolid, 1565.

L'accentuation de deux en deux (exemple 1), déjà prônée par L. Bourgeois, représentait le rythme le plus couramment

---

1. La note initiale devait plus tard se substituer à la quatrième note, dans cette manière de jouer les notes rapides quatre par quatre :
Dans les passages rapides dans un mouvement très vif où le temps ne permet pas de jouer inégalement (de deux en deux)... *l'on ne peut appuyer et accentuer que la première de quatre notes* (voir page 22). J. J. Quantz, *Versuch einer Anweisung die Flöte traversiere zu spielen,* Berlin, 1752.

utilisé dans l'exécution des notes écrites égales. Le renversement *ad lib.* de ce rythme (exemple 2) demeura en usage assez longtemps, particulièrement en Italie :

Caccini, *Nuove Musiche*, Florence, 1602.

Pas plus que Bourgeois ou Sancta Maria, Caccini ne pouvait trouver dans l'écriture l'exacte figuration de cette inégalité. L'utilisation du triolet en donne une idée plus juste.

Exemple :

Cette espèce de *rubato*, obtenu par déplacement des appuis rythmiques, était l'une des caractéristiques du *stilo recitativo* de Caccini qui fit sensation tant à Florence et Rome qu'à Paris. Près d'un demi-siècle après sa mort, certains louaient encore la « grâce négligée » de cette « excellente manière de chanter » « *that excellent kind of singing with a graceful neglect* » (John Playford, *Breefe introduction to the skill of music*, London, 1654). Cependant, si l'interprète d'une ligne musicale, notée en valeurs égales, pouvait passer ainsi *a piacere* de l'inégalité longue-brève à l'inégalité brève-longue, et vice versa, il n'était pas coutume d'user à ce point de cette possibilité et de changer de mode rythmique au cours d'une phrase mélodique, comme le fait Caccini. Le rythme brève-longue, plus rarement utilisé en général, pouvait même faire l'objet d'instructions particulières :

Quand vous trouverez des passages en croches et doubles croches devant être jouées ensemble des deux mains, il ne faudra pas les jouer trop vite; et la main qui a les doubles croches les jouera comme légèrement pointées, pointant non la première[1], mais la seconde, et ainsi de suite pour les autres, l'une sans point, l'autre pointée.

Frescobaldi, Toccate Partite d'intavolatura di cimbalo (préface),
Rome, 1614.

L'on trouvait plus simple, en France, d'écrire en toutes notes ce rythme brève-longue d'usage plus rare, quand il était nécessaire, et la règle de l'inégalité non écrite ne portait que sur le rythme longue-brève. C'est ce point de vue qui finit par prévaloir. Le rythme brève-longue se nota dès lors ou fit l'objet d'une figuration particulière. Exemple :

---

1. « Non la première », c'est-à-dire : non pas de la manière courante.
2. Soit : 

Coulés[1] *dont les points marquent que la seconde note de chaque temps doit être plus appuyée.*

F. Couperin, Pièces de clavecin (table des agréments),
Paris, 1713.

Le schéma suivant permet de comparer les significations actuelle et ancienne de la même notation. La ligne A — E, y représente l'espace séparant la frappe d'une noire de celle de la note suivante, soit par exemple le quart d'une mesure à ¢ :

Si nous avons à jouer en croches, la première étant frappée en A, la deuxième doit être entendue en C.
Si nous jouons en rythme double croche — croche pointée, la double croche étant frappée en A, la croche pointée doit être entendue en B.
En rythme croche pointée — double croche, la croche pointée étant frappée en A, la double croche doit être entendue en D.
Telles sont les seules possibilités d'exécution en accord avec la théorie des valeurs. C'est l'exécution actuelle.
Les possibilités d'exécution anciennes étaient différentes :

En croches, la deuxième croche disposait approximativement de l'espace C — D[2].
En rythme double croche — croche pointée, la croche pointée disposait approximativement de l'espace A — C.
En rythme croche pointée — double croche, la double croche disposait approximativement de l'espace D — E.
Grâce à ces conventions, l'espace A — E était donc totalement utilisable, alors que théoriquement, il ne l'est qu'en

1. Liaisons.
2. B-D, primitivement (voir Sancta Maria et Caccini, pp. 14 et 16).

18

trois points précis : B. C. D. hors desquels on tombe dans des zones interdites sans aucune raison musicale[1].

Il était donné à l'interprète, disposant ainsi d'une certaine latitude rythmique et pour lequel le souci de précision mathématique était inconnu, d'avoir pour objectif principal la perfection du style et de l'expression musicale.

En 1475, J. Tinctoris faisait état de relations de valeurs, comme de onze à quatre, ou de treize à cinq. Nous venons de voir que de telles subtilités rythmiques sont applicables à la musique de la Renaissance tout aussi bien qu'à la musique des siècles précédents.

Au XVIIe siècle, les traités concernant l'exécution de la musique se devaient de confirmer ou infirmer les règles de cette interprétation conventionnelle du rythme précédemment en vigueur. Ils n'y manquèrent pas et nous exposent ces mêmes règles inchangées.

Non seulement le XVIIIe siècle ne les réfute pas, mais c'est en plein XIXe siècle qu'il faudra pénétrer pour trouver finalement des méthodes qui enseignent une exécution strictement conforme à l'écriture.

Voici sous quelle forme le musicien de Frédéric II, J. J. Quantz, réédite, deux siècles plus tard, les règles de L. Bourgeois :

... il faut que dans les Pièces d'un mouvement lent ou modéré, les notes les plus brèves soient jouées avec quelque inégalité, bien qu'à la vue elles paraissent être de même valeur, et l'on doit appuyer sur les notes fortes, c'est-à-dire les première, troisième, cinquième, septième plus que sur celles qui passent, c'est-à-dire les deuxième, quatrième, sixième, huitième, quoique il ne faille pourtant pas les tenir aussi longtemps que si elles étaient pointées. Par notes brèves, j'entends les noires dans le 3/2, les croches dans le 3/4, les doubles croches dans le 3/8, les croches dans le ¢ , les doubles ou les triples croches dans la mesure à 4/8 ou dans celle à 4/4. On

---

1. La croche doublement pointée et le triolet sur deux notes, de pratique récente, en étant exceptés.

*ne doit cependant plus tenir compte de ces indications dès que
ces notes se trouvent mêlées à d'autres plus brèves encore...
ce sont alors ces dernières qu'il faut jouer de la manière que
nous venons d'enseigner...*

J. J. Quantz, *Versuch...*, Berlin, 1752.

Les seules œuvres du Moyen Age qu'il nous soit donné
d'apprécier sont celles qui nous ont été traduites en notation
moderne. Or, qui songerait à la nécessité de telles traductions
lorsqu'il s'agit de textes que chacun peut lire, comme les œuvres d'un Janequin, d'un Claude Lejeune, d'un Palestrina
ou, à plus forte raison, d'un Purcell, d'un Bach ou d'un
Rameau ? On peut dire cependant, sans paradoxe, que les
œuvres antérieures aux premières éditions musicales, traduites, nous donnent en principe une idée plus exacte de leur contenu que celles des époques suivantes en version originale.
Exemple :

Philippe de Vitry, 1291-1301, Fragment du motet « *Vos quid
admiramini...* », extrait de *Die Mottete von Franko von Köln
bis Philippe von Vitry* de H. Besseler, 1927.

Ce fragment de motet du XIVe siècle, écrit par l'un des
auteurs cités plus haut, nous serait parvenu sous la forme
suivante :

et c'est ainsi qu'il apparaîtrait dans une édition d'aujour-
d'hui.

Il n'est guère possible, cependant, de traduire graphique-
ment le rythme de l'ancienne interprétation, car, si le triolet
sur deux notes représente une approximation valable en certains cas de cette inégalité non écrite, rien ne serait plus
contraire à l'esprit de l'exécution ancienne que la répétition

continuelle de cette inégalité ternaire. Un tel rythme adopté une fois pour toutes eût demandé, alors comme aujourd'hui l'emploi d'une mesure à subdivisions ternaires : 6/8, 9/8, 12/8. L'inégalité dont il est question, loin de se répéter, variait sans cesse de manière à rehausser, à souligner les intentions du mouvement mélodique dont elle épousait subtilement le dessin. C'était un rythme vivant qui participait étroitement et constamment à l'expression musicale :

Pour interpréter avec élégance, dans un mouvement lent, la mesure suivante il

faudra donner plus d'importance, en durée comme en force, à la première et troisième double croche de chaque temps qu'à la seconde et quatrième, et le si *du troisième temps sera tenu presque autant que s'il était pointé.*

J. J. Quantz, Versuch..., Berlin, 1752.

Même en dehors de tout souci expressif, une autre particularité du jeu ancien le rend impossible à noter : il s'agit de l'inégalité variable selon le mouvement : celle-ci augmentait progressivement dans un ralenti, diminuait de même dans un « stringendo » jusqu'à disparaître dans un mouvement très rapide :

On a jugé à propos de ne pas marquer les points de peur qu'on ne s'accoutume à exécuter par saccade, je veux dire par sautillement... Il faut donc faire ces sortes de notes[1] *si finement que cela ne paraisse pas*[2]*, si ce n'est en des endroits particuliers qui demandent expressément cette sorte d'exécution*[3] *et même il faut entièrement les éviter en de certains endroits*[4]*.*

Bénigne de Bacilly, Remarques curieuses sur l'art
de bien chanter, Paris, 1668.

1. Notes inégales.
2. Dans les mouvements rapides.
3. Passages lents.
4. Voir les exceptions, page 29.

Aux règles sur l'inégalité, font exception entre autres :

Les passages rapides, dans un mouvement très vif où le temps ne permet pas de jouer inégalement et où l'on ne peut appuyer et accentuer que la première de quatre notes (voir page 15).

J. J. Quantz, Versuch..., Berlin, 1752.

C'est cette inégalité cependant qui réglait les questions de doigtés, les coups d'archet, l'articulation dans les instruments à vent, les respirations, la valeur de certains silences, etc...

Doigtés.

Les anciens doigtés de la musique pour clavier n'ont de sens que dans le rythme inégal et le « non legato » du temps [1]. Ils illustrent la théorie des « bons doigts sur les bonnes notes ». Ils ne diffèrent selon les temps et lieux que par suite des variations d'opinion concernant les « bons » ou « mauvais » doigts :

E. N. Ammerbach, Orgel oder Instrumental Tabulatur,
Leipzig, 1571.

Diruta, Il transilvano..., Venise, 1597.

1. Ce « non legato » représentait le jeu normal de toute l'ancienne musique :
Les notes que rien n'indique comme devant être soit détachées, soit résolues, soit tenues, se jouent à la moitié de leur valeur... Les noires et les croches en tempo lent et modéré sont généralement jouées de cette manière semi-détachée (C. P. E. Bach, *Versuch...*).

Purcell, *Lessons...*, 1696.

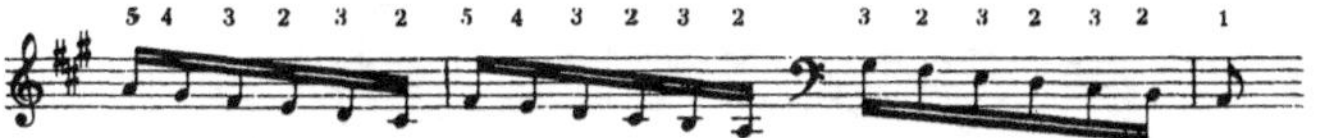

F. Couperin, *L'art de toucher le clavecin*, 1717.

J.-S. Bach, *Clavier Büchlein fur W. Fr. Bach*, 1720.

Les liaisons courtes de deux en deux notes ne modifiaient ni le rythme ni le principe de doigté

Les liaisons plus longues, par contre, impliquaient l'égalité des notes et un autre genre de doigté

Dandrieu, *Pièces de clavecin courtes et faciles*, 1710.

1. Ce même doigté est cité par C. P. E. Bach comme l'un des plus usités (*Versuch...*, 1759).

L'articulation, dans le jeu de la flûte notamment, suivait le même principe que le doigté aux instruments à clavier :

Exemples avec liaisons et terminaisons d'agréments :

Hotteterre, Principes de la flûte traversière, Paris, 1707

Interprétation des exemples précédents :

Dans les passages rapides, dit Quantz, *le « coup de langue simple » ne fait pas un bon effet, car les notes deviennent ainsi toutes égales alors que, selon le bon goût, elles doivent être un peu inégales.*

Les notes fort rapides, quoique d'une même valeur, doivent être jouées avec quelque inégalité; d'où la règle qu'il faut reprendre haleine entre une note longue et une note courte...

Il faut prendre garde de ne pas jouer trop tôt les notes qui suivent les petits silences remplaçant les notes principales; par exemple : quand de quatre doubles croches, on doit taire la première, il faut prolonger le silence de la moitié de sa valeur... la note suivante devant être écourtée. On en doit user de même à l'égard des triples croches.

J. J. Quantz, Versuch..., Berlin, 1752.

Au XVIIe siècle déjà, en Italie, la croche était devenue l'unité rythmique par excellence, avec une écriture à doubles croches prédominantes. En France, c'était la noire qui régnait, avec une écriture à croches prédominantes, exception faite de l'Allemande et des mesures en croches (3/8, 4/8...) ou composées.

Le rythme de convention était donc à peu près réservé aux doubles croches en Italie, alors qu'en France, il s'appliquait surtout aux croches, lesquelles, du fait de leur lenteur relative possible, permettaient aussi une plus grande inégalité rythmique[1]. L'emploi de mesures différentes : une autre façon d'interpréter, de ce fait, des valeurs semblables, telles furent notamment les raisons de fréquents malentendus. Lorsque Rousseau parle des différences d'interprétation entre la croche française et la croche italienne, il compare, sous une étiquette identique, deux objets différents; le parallèle à faire eût été celui de la croche française et de la double croche italienne :

Dans la musique italienne toutes les croches sont toujours égales, à moins qu'elles ne soient marquées « pointées ». Mais dans la musique française on ne fait les croches exactement égales que dans la mesure à quatre temps; dans toutes les autres, on les pointe toujours un peu, à moins qu'il ne soit écrit « croches égales »[2].

J.-J. Rousseau, *Dictionnaire de Musique*, Paris, 1767, article « Pointer ».

1. Celle-ci allant jusqu'à se passer totalement de la figuration de la note pointée, lorsque le caractère donné par le titre la demandait (voir « notation à la française », page 48).
2. La liaison, lorsqu'elle couvrait plus de deux notes, remplaçait, en Italie, le « notes égales » français.

Michel Corrette fait le point de ces différents emplois des mesures en France et en Italie, en 1738, dans son *École d'Orphée.* Le tableau suivant résume ses observations :

Mesures	FRANCE	ITALIE	
¢	Débuts d'Ouvertures : Entrées d'Opéras, Fugues de Chapelle, etc.		Dans cette mesure, les croches se jouent inégales.
C	Allemandes, Musique d'Église.	Adagio, Allegro, Andante, Presto des sonates, concertos, etc.	Dans cette mesure, les doubles croches se jouent inégales.
2	Bourrées, Gavottes, Gaillardes, Rigaudons, etc.		Dans cette mesure, les croches se jouent inégales.
2/4	Secondes parties d'Ouvertures.	Allegro, Vivace, Presto, parfois Andante, Adagio.	Dans cette mesure, les doubles croches se jouent inégales.
3	Menuets, Sarabandes, Courantes, Passacailles, Chaconnes, etc.		Dans cette mesure, les croches se jouent inégales.
3/4		Courantes des Sonates.	Dans cette mesure, les doubles croches se jouent inégales.
6/4	Loures, Forlanes. parfois Secondes Parties d'Ouvertures.	1	Dans cette mesure, les croches se jouent inégales.
3/2	1	Sarabandes, Adagios.	Dans cette mesure, les noires se jouent inégales.
3/8	Passepieds, parfois Secondes Parties d'Ouvertures.	Allegro, Adagio, Affettuoso, Vivace, Ariettes (voir Haendel, Scarlatti...).	Dans cette mesure, les doubles croches se jouent inégales.

1. Mesure peu usitée.

	FRANCE	ITALIE	
6/8	Canaries, Gigues, parfois Secondes Parties d'Ouvertures.	Sonates, Concertos.	
9/8	1	Gigues, Allegro, Presto, parfois Adagio (voir Vivaldi).	
12/8	Gigues.	Gigues.	

Michel Corrette, *L'école d'Orphée*, chap. III, Paris, 1738[2].

En Allemagne, les musiciens adoptaient généralement les usages français ou italiens, selon qu'ils s'inspiraient de l'une ou de l'autre école. Mais, de même qu'ils surent faire la synthèse des deux styles[3], leur système de mesure est comme une sorte de croisement des systèmes italiens et français. Leur 3/4, par exemple, est souvent utilisé comme un 3 français. Leur C où 4/4 doit être considéré parfois comme l'adaptation de deux mesures à ¢ , en valeurs moindres. Exemple :

J.-S. Bach, *Ouverture de la Suite en si*.

Le même fragment noté à la française.

1. Mesure peu usitée.
2. Voir l'accompagnement des triolets, p. 41.
3. *Deux nations ont acquis, de nos jours, une grande notoriété quant à l'amélioration du goût dans la musique. Ce sont l'Italie et la France, lesquelles, conduites par leurs inclinations naturelles, ont pris des voies différentes pour arriver à ce but. Les autres nations se sont réglées sur celles-là, et n'ont cherché qu'à imiter l'une ou l'autre en adoptant ce qui leur convenait le mieux. En conséquence, l'Italie et la France, érigées en arbitres presque souverains de la perfection du style musical, et les autres nations ne s'y opposant point, sont depuis quelques siècles les législa-*

EXCEPTIONS

à la règle de l'inégalité non écrite

Quantz ne manque pas d'indiquer les exceptions à la règle de l'inégalité non écrite. En voici l'énumération :
On joue *également* :

1) *Les endroits rapides dans un mouvement très vif où l'on ne peut appuyer et accentuer que la première de quatre notes.*

2) *Les « passages »*[1] *que les chanteurs doivent exécuter rapidement, quand ils ne sont pas liés, car, pour la voix, chacune des notes de ces « passages » devant être distincte et marquée d'un petit coup de glotte, l'inégalité n'y convient pas.*

trices à cet égard, et c'est d'elles que le bon goût dans la musique s'est transféré aux autres pays... Quand on sait choisir avec le discernement requis ce qu'il y a de meilleur dans le goût musical de plusieurs nations, il en provient un goût mêlé qu'on pourrait fort bien, et sans passer les bornes de la modestie, appeler à présent le goût allemand... (J. J. Quantz, *Versuch...* Berlin, 1752).

1. *« Passage » : Ornement dont on charge un trait de chant, pour l'ordinaire assez court; lequel est composé de plusieurs notes ou diminutions qui se chantent ou se jouent très légèrement. C'est ce que les Italiens appellent aussi « Passo ». Mais tout chanteur, en Italie, est obligé de savoir composer des Passi, au lieu que la plupart des chanteurs français ne s'écartent jamais de la note et ne font de Passages que ceux qui sont écrits.* J.-J. Rousseau, *Dictionnaire de Musique*, Paris, 1767.

3) Les notes sur lesquelles il y a des traits ou des points[1].

Ex. : « Les croches surmontées de points doivent être jouées égales, les autres inégales. »

Clérambault, Apollon. Cantates Françaises, 1716.

Exécution :

4) Lorsqu'une note se répète plusieurs fois.

Cette règle demanderait plus de précisions ou quelque exemple.
Disons que la répétition doit se prolonger suffisamment pour prendre un
caractère systématique. Ainsi cette règle ne joue pas dans le cas ci-dessous,
non plus que dans le suivant, où l'indication « égales » prouve que la
règle n'imposait pas d'elle-même cette égalité :

*Croches sans être pointées qu'il faut passer de même que si elles
l'étaient.*

David, *Méthode nouvelle...*, Paris, 1737.

Destouches, *Les Eléments*, acte II, scène 1, 1722.

5) Quand il γ a une liaison sur un groupe... etc.[1]

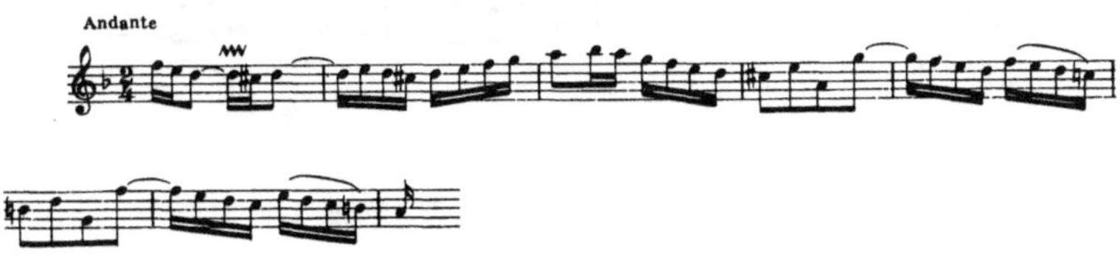

J.-S. Bach, *Sonate en trio* (n° 3), 1727 environ.

1. Les liaisons pouvaient être sous-entendues notamment dans l'arpe-
giando.

6) *Les croches... dans les gigues.*

J. J. Quantz, *Versuch...*, Berlin, 1752.

A ces six règles d'exception données par Quantz, on peut en ajouter une septième :

7) *Échappent également à la loi de l'inégalité non écrite : les ornements réalisés.*

En fait, tout ce qui pourrait figurer en petites notes :

J.-S. Bach, même sonate.

Dans cet exemple, les doubles croches demeurent inégales malgré l'apparition des triples :

et l'unité rythmique est toujours la croche :

ainsi que dans les premières mesures du même mouvement :

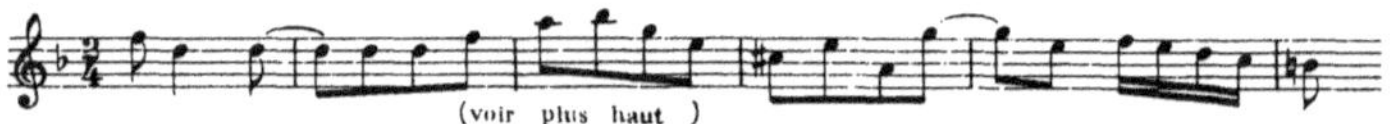

INDÉPENDANCE DE RYTHMES

D'après les règles précédentes, on a pu voir que le signe de mesure déterminait à priori l'inégalité des valeurs à l'exécution, mais que, si des notes de valeur moindre apparaissaient, l'inégalité se portait sur elles; les premières, pour lors

32

égales, pouvant redevenir inégales si elles se trouvaient être
à nouveau les plus courtes. Le cas se rencontre notamment
dans les Chaconnes :

Destouches, *Les Éléments*, acte III.

Le signe de mesure étant 3, les croches doivent être inégales.
Plus loin :

les doubles croches ne modifient en rien l'inégalité des croches (voir exception n° 7 ci-dessus). Par contre, à la mesure 49 :

l'écriture de la partie supérieure demande les doubles croches
inégales[1] et les croches y deviennent égales. La basse est toujours en croches inégales. A la mesure 65 :

1. L'inégalité de ces doubles croches, dans le tempo, doit être à peine
perceptible.

les croches sont égales à la basse, avec doubles croches inégales, mais la partie supérieure y reprend le rythme initial.

Au clavier, l'indépendance doit être la même entre les
différentes parties :

J.-S. Bach, *Sonate en trio* (n° 5) (Largo, mesure 12).

Traduction :

Pour C.P.E. Bach, cette inégalité n'est que l'une des
nombreuses possibilités rythmiques du jeu qui, dans l'écriture en notes égales, peuvent aller de la simple accentuation
jusqu'au *tempo rubato* :

*Certaines notes, certains silences doivent être étendus,
pour des raisons d'expressions, au-delà de leur valeur écrite.*

La rigueur absolue de la mesure est le complément indispensable du *rubato*, sans laquelle celui-ci perd sa raison
d'être :

34

Quand l'exécution est telle que l'une des mains semble jouer hors de la mesure tandis que l'autre maintient strictement celle-ci, on peut dire que l'exécutant fait tout ce que l'on peut attendre de lui[1].

Sa prédilection pour le « style galant » n'empêche pas C.P.E. Bach d'estimer indispensable la connaissance de toutes les formes de la musique. Il recommande à ses élèves d'écouter le plus possible d'ensembles et de solistes, afin de pouvoir se familiariser avec les particularités d'interprétation de chaque école. Il tient en haute estime les clavecinistes français. Condamnant d'une manière générale les méthodes allemandes d'enseignement musical de son temps, plus particulièrement l'enseignement du clavecin, et après avoir énuméré les défauts et faiblesses de celui-ci, il ajoute :

Le pire de tout est un malin préjugé contre les pièces françaises de clavecin. Celles-ci ont toujours été d'un bon enseignement, car ce pays se distingue nettement des autres par son style coulant et correct. Tous les agréments nécessaires y sont indiqués clairement. La main gauche n'y est pas négligée et les notes tenues n'y manquent pas; et tels sont bien les éléments primordiaux dans l'étude d'une interprétation cohérente.

Ce n'en est pas moins une faute d'écriture à son sens que de noter en notes égales une inégalité prononcée :

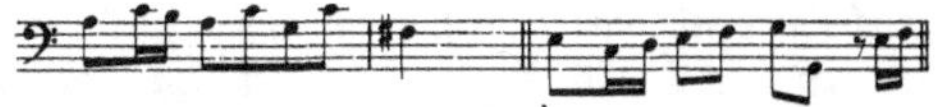

Les doubles croches de cet exemple feront un effet insipide dans un adagio[2] *si l'on n'y intercale des points. On fait donc bien de remèdier à cette lacune à l'exécution.*

C.P.E. Bach, *Versuch...*, 1759-1762.

1. *Ce qui les émerveille surtout, c'est que je reste toujours exactement dans la mesure. Ils n'arrivent pas à comprendre que, dans le tempo rubato d'un adagio, ma main gauche reste complètement indépendante.* Mozart, *Lettre à son père*, 24 octobre 1777.

2. Adagio étant pris ici dans son sens d'adverbe et n'impliquant pas le caractère de lenteur qu'il a acquis depuis.

Il remarque cependant, à propos de cet exemple, qu'il faut savoir faire exception à la règle générale concernant l'exécution de la note pointée : règle qui voulait la prolongation maximum de celle-ci (voir pages suivantes) et qu'il faut au contraire, en ce cas, l'écourter... Ce qui revient à dire que, si la notation égale est défectueuse, la notation pointée ne convient pas non plus.

Malgré l'évolution générale des formes musicales au cours du XVIIIe siècle, avec ses répercussions inévitables sur la figuration, malgré les nouvelles écoles d'interprétation vocales et instrumentales, les « notes inégales » ne disparurent que peu à peu sous la montée progressive des nouvelles précisions de la notation musicale et au fur et à mesure qu'étaient abandonnées les formes anciennes encore usitées.

Les conseils donnés sur la manière de jouer « avec le bon rythme », extraits d'ouvrages du XVIe siècle, que l'on a pu lire dans les pages 3 et 4, trouvent ainsi un écho tardif dans une théorie musicale datant de 1810 dont les termes seuls ont changé :

De la division des mesures en temps forts et en temps faibles... De la division des temps en parties fortes et parties faibles.

...Cette division des mesures en temps forts et temps faibles, et cette subdivision des temps en parties fortes et parties faibles influent dans certains cas sur la durée plus ou moins longue des notes de même valeur. Cette différence de lenteur ou de vitesse, quoique très légère, n'en est pas moins sensible; et comme elle concourt à donner de l'élégance à l'exécution de la musique, on l'a assujettie à une règle que voici :

Dans la mesure à deux temps, marquée par un 2, dans celle à trois temps, marquée par un 3, les croches se passent de deux en deux, c'est-à-dire que, quand elles sont par nombre pair, la première est longue, la deuxième brève... Exemple :

... Dans toutes les autres mesures, les croches se passent également, mais on doit passer de deux en deux, généralement dans toutes les mesures, les doubles croches et même faire aussi sentir cette nuance lorsqu'on exécute des triples croches...

Ces différentes manières de passer les valeurs ne doivent être employées que dans les parties chantantes et jamais dans celles qui ne sont que d'accompagnement... C'est donc à celui qui exécute à ne les employer que dans les traits auxquels elles peuvent donner des charmes, et à les éviter quand elles sont susceptibles de nuire à la beauté des chants.

A.-F. Emy de l'Ilette, *Théorie Musicale*, Paris, 1810.

ÉCRITURE EN NOTES INÉGALES

a) La longue sur le temps

Si, dans l'exécution ancienne, la valeur théorique du point après la note était généralement respectée dans les valeurs longues, il n'en était pas de même sitôt qu'on avait affaire à des valeurs plus courtes :

Les notes brèves qui succèdent à des notes pointées sont toujours plus brèves à l'exécution que leur valeur ne l'indique; aussi est-il superflu d'ajouter points ou crochets [1] :

C. P. E. Bach, *Versuch...*, Berlin, 1759.

c'est-à-dire que la ligne inférieure de cet exemple doit se jouer ainsi Quantz, à ce même propos,

1. C'est-à-dire d'ajouter un point au point et un crochet à la note qui lui succède.

donne les exemples suivants :

Autre exemple : 

J. J. Quantz, Versuch..., Berlin, 1752.

Plus l'on prolonge ces points, dit-il, plus l'expression en est plaisante et agréable.

Dans les mouvements rapides, l'effet brillant de cette extrême inégalité des notes pointées était encore accru lorsque, selon l'usage, on remplaçait les points par des silences :

Les points succédant à des notes longues, ou à des notes courtes dans des mouvements lents... doivent être tenus. Cependant, dans les tempi rapides, les points, dans des successions prolongées de notes pointées, sont tous exécutés comme des silences.

C. P. E. Bach, Versuch..., 1759.

Exemple :

Notation   *Exécution*

J. K. F. Rellstab, *Anleitung für Klavierspieler...*, Berlin, 1790.

Tels étaient les principes et les exemples qui faisaient autorité à l'époque de la mort de Mozart et qui s'appliquent encore avec évidence à bien des pages du XIXᵉ siècles. Mozart pouvait-il imaginer que l'on jouerait un jour les passages suivants sans respecter ces règles élémentaires ?

Sonate Piano et Violon nᵒ 1
en si ♭ *majeur,*
Andante (mes. 18).

Symphonie nᵒ 39
en mi ♭ *majeur* (K. 543),
1ᵉʳ mouvement.

La Flûte enchantée, Ouverture.

Des silences écrits pouvaient être considérés comme tenant la place de points et être traités comme tels :

Lorsque après une longue note et un court silence, sur-
viennent des triples croches, 

ces dernières doivent être jouées toujours très rapidement, que
ce soit dans l'Allegro ou dans l'Adagio. Il faut donc, avant que
de les jouer, attendre la limite extrême du temps qui leur
est imparti, afin d'éviter une faute de mesure.

J. J. Quantz, *Versuch...*, 1752.

L'anacrouse :

Une croche seule est toujours brève...

Saint-Lambert, *Les principes du clavecin...*, Paris, 1697.

Si dans un Allabreve lent ou dans la mesure à quatre
temps, il se trouve sur le premier temps un quart de soupir

suivi de notes en rythme pointé

*ce quart de soupir doit être lui-même prolongé comme s'il était
pointé ou augmenté d'un huitième de soupir, la note qui le
suit devant être écourtée d'autant.*

J. J. Quantz., Versuch..., 1752.

Allemande

Händel, Suite n° 14.

D'après les deux règles précédentes de Saint-Lambert et de
Quantz, cette Allemande se jouera de la manière suivante :

Écriture égale et inégale combinée :

Les notes pointées qui figurent parmi des notes égales ne
viennent aucunement contrarier l'inégalité d'exécution normale de ces notes égales. La bizarrerie de ces notes scandées
survenant au milieu de l'égalité disparaît lorsque celles-ci
sont prises pour ce qu'elles sont, c'est-à-dire des indications
d'inégalité plus grande :

*A la mesure du quatre temps, les doubles et triples cro-
ches se gouvernent à peu près de cette façon*

*on reste sur la première et l'on passe vite la seconde, mais
lorsqu'elles sont pointées, on y reste un peu plus; voilà pourquoi je dis à peu près, et la raison de les pointer pour faire
connaître où l'on doit le plus rester. Au trois temps, la même
chose aux croches et notes suivantes*

Au deux temps, la même chose 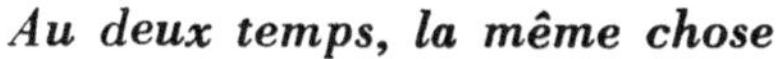

La Chapelle, Suite des vrais principes..., Paris, 1739.

Chaconne 

Louis Couperin.

Interprétation 

Allemande grave 

Louis Couperin.

Interprétation

L'accompagnement des triolets :

Dans l'écriture égale, l'inégalité légère, de règle dans l'exécution des notes les plus brèves [1], devait s'accorder avec des triolets dans ces mêmes valeurs. Ainsi en est-il du passage suivant :

J.-S. Bach, Sonate en trio n° III (1er mouvement).

1. Voir les pages 27 et 28.

dont la partie supérieure doit se jouer ainsi :

Cependant, dans cette mesure à 2/4 (où les doubles croches se jouaient inégalement) les croches devaient être jouées égales, et des triolets de croches contre ces croches eussent donné un effet de trois contre deux bien différent de celui de l'exemple précédent :

Or, cet effet trois contre deux avait si peu cours autrefois que, pour l'éviter, l'exécutant n'hésitait pas à inégaliser des notes en principe égales :

J.-L. Adam, *Méthode de piano du Conservatoire*, Paris, 1802.

mais cet accommodement n'est possible qu'au clavier.

Quant à la note pointée, la coutume voulait que, mêlée à des triolets, elle fût écourtée (au lieu d'être allongée) et rejoignît ainsi le ternaire :

J.-S. Bach, *Concerto en* ré (Final).
(Voir également les exemples des pp. 12 et 13 : Schubert et Chopin.)

mais à une condition, cependant : ces fausses notes pointées devaient être exposées en même temps que les triolets. En effet, il est évident que le rythme d'un thème exposé en notes pointées réelles[1], ne pouvait être en rien modifié par l'adjonction ultérieure de triolets. Cette rencontre donnait alors

ceci :

selon Quantz, qui déconseille le trois-contre-quatre, comme était déconseillé le trois-contre-deux :

Si l'on jouait les notes pointées, qui se trouvent sous les triolets, selon leur valeur exacte

l'effet serait louche et fade au lieu d'être brillant.

J. J. Quantz, *Versuch...*, 1752.

C.P.E. Bach propose de recourir aux mesures à subdivisions ternaires :

Avec l'usage croissant d'utiliser des triolets dans les mesures 4/4, 3/4, ou 2/4, bien des pièces ont paru qui seraient plus commodément écrites à 12/8, 9/8 ou 6/8. L'exécution des autres valeurs en même temps que ces triolets se voit dans l'exemple suivant :

C. P. E. Bach, *Versuch...*, 1759.

Cet exemple est caractéristique : les notes accompagnant des triolets pouvaient être notées égales ou notées pointées, elles se jouaient exactement de même, c'est-à-dire : en rythme ternaire.

1. Et donc jouées doublement pointées selon les règles précédentes (voir p. 38).

b) LA BRÈVE SUR LE TEMPS

Cette brève était à l'origine de valeur variable (voir *Fresco-baldi*, page 17), puis c'est dans sa forme la plus brève qu'elle finit par être le plus couramment employée, et Quantz applique à l'exécution de ce rythme les mêmes règles que celles qu'il énonce à propos des notes pointées : longues-brèves, en les inversant :

L'exemple suivant  *dans lequel le point*

se trouve placé après la deuxième note, est à rapprocher des premiers exemples de ce chapitre[1] *en ce qui concerne la durée du point et de la première note; l'ordre n'en est qu'inversé. Les notes ré et ut de l'exemple ci-dessus ne doivent pas être*

tenues plus longtemps que dans celui-ci   *que*

le mouvement soit vif ou lent; et l'on en use de même avec les deux notes brèves dans les deux exemples suivants

*   Ces deux notes ne doivent pas durer davantage, dans ces exemples, qu'une seule dans les exemples précédents.*

J. J. Quantz, *Versuch...*, 1752.

C.P.E. Bach donne les mêmes conseils :

Les notes courtes, quand elles précèdent les notes poin-tées, sont aussi jouées plus vivement que leur notation ne l'indique. Toutes les notes brèves des exemples suivants, les doubles croches même, lorsque le tempo n'est pas trop lent, suivent cette règle :

C. P. E. Bach, *Versuch...*, 1759.

1. Voir Quantz, p. 38.

auxquels il ajoute quelques exceptions :

Ce n'est que d'une façon générale que ces notes brèves doivent être jouées rapidement, car il y a des exceptions. Les mélodies dans lesquelles elles apparaissent doivent être examinées avec soin. Que des agréments d'une certaine durée, comme le trille ou le doublé, les ornent, et leur exécution doit être plus large que celle des notes brèves non ornées. De même dans des passages tristes ou expressifs et dans les mouvements lents, elles seront moins précipitées que dans les autres cas.

Les premières notes de l'exemple suivant, étant liées, ne sont pas jouées très vite dans un mouvement modéré ou lent ♪ *Si elles l'étaient, un trop grand espace vide succéderait à leur exécution. La première note doit être soulignée d'une pression délicate et non par une attaque vigoureuse ou par un retrait rapide.*

C. P. E. Bach, *Versuch...*, 1759.

CONVENTIONS PARTICULIÈRES

Mis à part les cas, fréquents dans la musique italienne, où, volontairement laissées ébauchées ou inachevées, certaines œuvres ne pouvaient se passer de la collaboration créatrice de l'interprète sous forme d'improvisations, parfois importantes (l'Adagio orné, les cadences improvisées, etc.), l'écriture habituelle présentait à chaque instant des lacunes ou des sous-entendus, qui peuvent être, pour un musicien de nos jours, autant de problèmes ou de pièges.

Dans les pièces à reprises par exemple, les doubles barres
ne comportent bien souvent qu'une mesure au lieu de deux,
et celle-ci convient rarement aux deux nécessités : de reprendre, ou au contraire, de continuer ou conclure. Exemple :

Händel, Air con variazoni

La formule « a » ne convient pas à la reprise; la formule
« b » ne convient qu'à la reprise.

Le soin de remédier à ces lacunes incombait à l'exécutant,
de même que celui d'ajouter les agréments manquants.

Le mot « simile » était sous-entendu en toute occasion et
le retour ou l'imitation d'un thème ou d'une phrase, à moins
de nouvelles précisions, impliquait nécessairement le retour
des indications accompagnant sa première apparition. Plus
simplement encore, la ou les premières mesures d'un mouvement, parfois quelques notes, servaient de modèle pour l'exécution des autres, notamment du point de vue rythmique :

Buxtehude, Canzonetta, Œuvres d'orgue.

Fescobaldi, Girolmeta, Fiori Musicali.

Vivaldi, *Concerto en* si ♭ *majeur* (violon et violoncelle).

Rameau, *Les Indes Galantes*, *Les Incas*, Air de Huascar
(Édition Durand, d'après le ms.).

Il est assez remarquable, en ce cas particulier, que l'idée de suggérer le « simile », suivant l'impulsion rythmique indiquée par l'auteur, ne soit venue à aucun des éditeurs de ce siècle. Dans le cas de l'exemple de Rameau, il y a mieux encore, car l'édition gravée des *Indes Galantes* de l'époque comporte le rythme initial du manuscrit, de la première à la dernière mesure de cet air et du chœur qui lui succède :

Rameau, *Les Indes Galantes*,
Ballet réduit à quatre grands Concerts...,
Paris, 1735-1736.

Mais ce fait ne semble pas avoir troublé ceux de nos contemporains qui tentèrent de ressusciter cet opéra.

NOTATION A LA FRANÇAISE. MUSIQUE DE BALLET

La danse, qui tient le premier rang dans la musique instrumentale française, eut une influence particulière sur la notation.

Cette musique consiste surtout en pièces de caractère, et chaque caractère ayant son mouvement propre, il s'ensuit que la musique française est renfermée dans de strictes limites et point si arbitraire que la musique italienne...

J. J. Quantz, *Versuch...*, 1752.

... Style propre pour la danse, qui se subdivise en autant de manières différentes qu'il y a de danses. Ainsi, il y a le style des Sarabandes, des Menuets, des Passepieds, des Gavottes, des Bourrées, des Rigaudons, des Gaillardes, des Courantes, etc.

Brossard, *Dictionnaire (Stylo choraïco)*, 1703.

Chacune de ces danses avait ses caractéristiques si bien établies : mesure, coupe, rythme, *tempo*, que les auditeurs les reconnaissaient aussitôt :

La manière de jouer les airs de ballets... s'acquitte en même temps de deux fonctions admirablement bien liées ensemble : de savoir plaire à l'oreille, et de marquer tout à la fois si bien les mouvements de la danse, qu'on connaît d'abord de quelle espèce chaque air est, et qu'on se sent comme inspirer, même malgré soi, l'envie de danser.

Muffat, *Florilegium*, II, Passau, 1698.

Même écrits pour le concert, les différents mouvements des *Symphonies* n'en devaient pas moins évoquer, immédiatement et sans ambiguïté, des pas et des gestes connus de tous. Il importait, par conséquent, que l'exécutant, en sus de ses qualités purement musicales, sache évoquer ces danses dans sa façon de jouer, les représenter pour ainsi dire à son auditoire :

La musique française de danse n'est pas si aisée à jouer que quelques-uns se l'imaginent et son expression, pour être convenable à chaque caractère, doit être bien différente de la manière italienne. Il faut habituellement que la musique à danser soit exécutée d'une manière sérieuse, d'un coup d'archet pesant, quoique court et incisif, plus détaché que lié. Le tendre et le chantant ne s'y trouvent que rarement. Les notes pointées se jouent pesamment, et celles qui leur succèdent, d'une manière fort courte et perçante. Les pièces rapides doivent être sautantes et jouées gaiement, d'un coup d'archet très court et toujours marqué du poids intérieur qu'on lui donne, afin que les danseurs soient constamment comme soulevés et incités à sauter, et que les spectateurs comprennent et sentent ce que les danseurs veulent exprimer.

J. J. Quantz, Versuch..., 1752.

C'est à la faveur de ce classement imposé par la danse que la notation put prendre en France des habitudes d'extrême simplification [1].

Nous écrivons différemment de ce que nous exécutons; ce qui fait que les étrangers jouent notre musique moins bien que nous ne faisons la leur. Au contraire, les Italiens écrivent leur musique dans les vraies valeurs qu'ils l'ont pensée. Par exemple, nous pointons plusieurs croches de suite par degrés

---

1. Ce n'est pas, comme on a pu le dire, un rythme scandé qui caractérisait la musique française, mais la manière française de noter celui-ci, ou plus exactement de ne pas le noter.

conjoints[1], *et cependant nous les marquons égales; notre usage nous a asservis, et nous continuons.*

F. Couperin, *L'art de toucher le clavecin*, Paris, 1716.

Les « vraies valeurs » des Italiens n'excluaient nullement dans la pensée de Couperin l'inégalité subtile qui faisait partie de toute exécution et ne se pouvait noter. L'usage que déplore Couperin consistait à écrire par exemple en croches un passage qui, en d'autres pays, eût exigé une notation en croches pointées et doubles croches alternées.. C'est encore cet usage qui a pu faire dire à certains auteurs du temps que les *Sonates et Concertos italiens*, ainsi que les *Chansons anglaises* ne se jouaient pas « selon l'usage des Français », et que « l'on n'y pointait jamais qu'il ne soit marqué ». Mais ces auteurs parlent des croches, et c'est bien ce qui est précisé par Couperin, par Rousseau (voir page 26) et par Corrette (voir tableau d'exécution comparée des diverses valeurs, page 27, qui montre comment les autres valeurs suivaient une règle commune aux Italiens et aux Français).

Si les Français jouant de la musique italienne y avaient introduit un rythme que les Italiens n'y mettaient eux-mêmes,

1. C'est par ce genre de remarque, contredite par les exemples du temps, que F. Couperin risque de tromper le lecteur d'aujourd'hui. E. Loulié (*Éléments ou principes...*, 1696) dit que les « demi-temps » se font quelquefois égaux, ce qui s'appelle « détacher les notes »... « dans les chants dont les sons se suivent par degrés interrompus » (disjoints). Les notes inégales se font « dans les chants dont les sons se suivent par degrés non interrompus » (conjoints). Mais il ne pouvait être question de modifier le rythme égal commandé par le caractère général d'une pièce en mouvement disjoint à l'apparition de quelques notes conjointes, ni, au cours d'une pièce en notes conjointes inégales, d'égaliser chaque intervalle disjoint (voir exemple de David, p. 32).

« Les croches inégales »

Clérambault, *L'Amour piqué par une abeille*, Cantates...

L'indication « croches inégales » est motivée par le mouvement disjoint des croches dans cette pièce.

Couperin n'eût pas fait entendre implicitement que les Français jouaient la musique italienne mieux que les Italiens ne jouaient la musique française. Ce serait donc une absurdité que de baser la différenciation des deux écoles sur un détail d'exécution sensible à la seule lecture et non à l'audition, détail que l'abondante littérature du temps concernant la différence entre les écoles italienne et française (y compris celle de techniciens tels que Quantz et C.P.E. Bach) ne mentionne pas.

Les véritables différences entre la musique italienne et la musique française sont de style :

Le style des compositions italiennes est piquant, fleuri, expressif; celui des compositions françaises est naturel, coulant, tendre, etc.

Brossard, Dictionnaire, 1703.

Non seulement les musiciens français des XVIIe et XVIIIe siècles inégalisaient encore les croches, ce que ne faisaient plus les Italiens [1], mais il leur était loisible d'augmenter cette inégalité selon le caractère de la musique :

Cette inégalité doit varier suivant le genre d'expression de l'air; dans les airs gais, elle doit être plus marquée que dans les airs gracieux et d'une expression tendre, dans les Marches que dans les Menuets; cependant, il se trouve bien des Menuets de caractère dans lesquels l'inégalité est aussi marquée que dans les Marches...

Dom Bedos de Celles, *L'art du Facteur d'Orgues*, Paris, 1776-1778.

Exemple :

NOTATION FRANÇAISE

Marche

Lully, Alceste, acte II.

1. Qui inégalisaient surtout les doubles croches (voir p. 27).

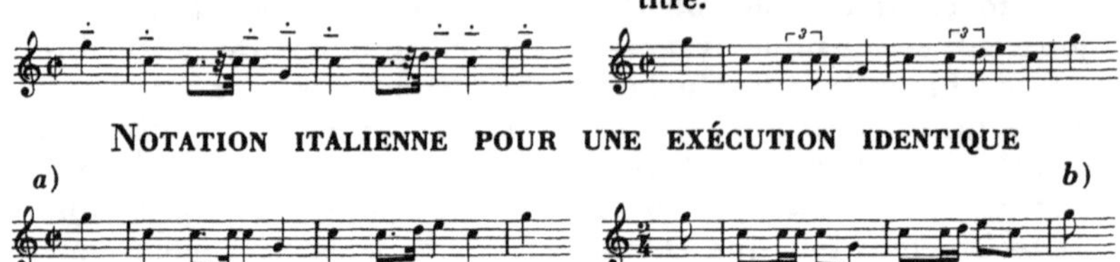

Magistralement consacrée par Lully, cette codification de chacun des caractères de la musique de ballet et de son exécution fit école en Europe :

Ceux qui suivent la méthode de feu M. Baptiste sont les Français, les Anglais, ceux des Pays-Bas et plusieurs autres... La manière de jouer les airs de ballet sur les violons, selon le génie de M. Baptiste de Lully, prise ici en sa pureté, et si recommandable par l'approbation des meilleurs musiciens de l'Europe, est d'une recherche si exquise, qu'on ne saurait rien trouver de plus exact, de plus beau ni de plus agréable.

G. Muffat, Florilegium, II, Passau, 1698.

Les titres français dans les productions des autres pays sont les témoignages de cette influence. A chacune de ces pièces, il convient d'appliquer les règles françaises d'exécution; car il est évident que si un auteur empruntait un titre et la forme correspondante, c'est qu'il désirait y voir reconnaître son modèle.

La recherche du caractère particulier à chaque type de danse devrait commencer par l'étude de ces danses du point de vue chorégraphique. Du moins, la connaissance de la musique à danser s'impose-t-elle avant d'aborder utilement l'interprétation des suites de concert. On peut imaginer cependant que, même en concert, aucune pièce ne pouvait s'éloigner beaucoup de sa forme originelle, tant que la danse dont elle portait le titre avait cours, c'est-à-dire tant que les auditeurs en pouvaient être les danseurs.

Les quelques exemples qui suivent illustrent soit des cas
extrêmes : Ouvertures, Marches... soit quelque particularité.
Pour les autres danses, les *tempi donnés* page 125 et suivantes,
ainsi que les indications d'expression, fréquentes dans la musique française, doivent permettre, à défaut des danses elles-
mêmes, de retrouver approximativement le caractère de chacune d'entre elles.

L'Ouverture ou Entrée de Ballet.

*Les croches qui succèdent aux noires pointées ne sont pas
jouées selon leur valeur exacte, mais se font très courtes et
incisives. La note pointée est accentuée avec emphase et l'archet est détaché durant le point. On en use de même pour
toutes les notes pointées si le temps le permet. Lorsqu'il y
a trois triples croches, ou plus, après un point ou un silence,
elles ne sont pas toujours exécutées selon leur véritable valeur, surtout dans les pièces lentes : Ouvertures, Entrées, etc.,
mais aussi rapidement que possible après avoir attendu
l'extrême limite du temps qui leur est imparti. Il faut pourtant, à chacune de ces notes rapides, donner son coup d'archet, et l'on ne doit presque rien lier.*

J. J. Quantz, *Versuch...*, Berlin, 1752.
Chapitre : « Musique française de danse. »

Lully, *Alceste*, Ouverture.

Interprétation ($\mathbf{\downarrow}$ = 66).

J.-S. Bach, *Suite en si*, Ouverture.

Interprétation ($\downarrow$ = 76).

La Marche.

Outre l'Ouverture, la Fanfare ou « Bruit de Trompettes », la Marche demande un rythme très marqué :

Marche.

M. Hotteterre, *Marche du Régiment de Zurlauben*, 1670.

Interprétation ($\downarrow$ = 80).

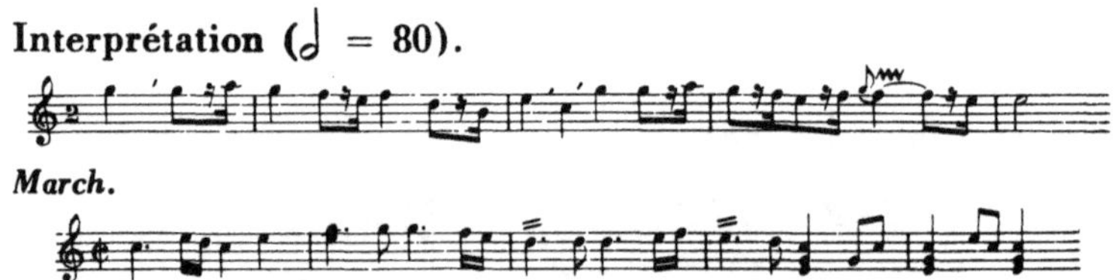

March.

Purcell, *Lessons* (suite VIII).

54

Interprétation ($\downarrow$ = 60).

Le Menuet.

Dans les Menuets, ainsi que dans les Marches à trois temps, les premiers temps seuls constituaient les points d'appui chorégraphiques; d'où la règle d'exécution qui demande l'allégement des troisièmes temps et une accentuation marquée des premiers. Encore ces premiers temps ne sont-ils pas d'égale importance dans le Menuet, que les Maîtres à danser battaient à deux temps (à subdivisions ternaires) — voir page 127 :

Il arrive souvent que de très bons musiciens ne dansent point en mesure, surtout dans le Menuet, par l'habitude qu'ils ont contractée de frapper toutes les mesures[1] et cette grande habitude les détourne quelquefois de l'attention qu'il faut avoir d'employer toujours deux mesures musicales pour faire le pas de Menuet et que, de ces deux mesures, nous ne frappons que la première, que nous nommons la bonne[2], ce qui fait que nous comparons même la mesure du Menuet dansant pour sa valeur à celle du 6/4.

Bacquoy-Guédon, Méthode pour exercer l'oreille à la mesure dans l'art de la danse (fin XVIIIe).

Händel, Water Music.

Interprétation ($\downarrow$. = 53).

1. De battre chaque premier temps.
2. La deuxième se nommait « la fausse ».

Certains Menuets se jouaient en notes presque égales;
d'autres voulaient au contraire une inégalité « aussi marquée »
que celle de la Marche (voir page 51 : Dom Bedos). Ceux-ci
pouvaient alors figurer en croches pointées et doubles croches[1] :

Mozart, *Symphonie n° 29 en la majeur*, K. 201.

L'Allemande.

L'Allemande se jouait de même plus ou moins pointée, ce
qui explique les différentes manières de la noter. En aucun
cas la notation égale, à elle seule, ne suffit à donner le sens
d'exécution égale; il y faut d'autres indications : points, liaisons, etc. (voir l'exemple « Allemande », page 41) :

*... Cette inégalité de plusieurs croches de suite ne s'ob-
serve pas dans les pièces dont la mesure est à quatre temps,
comme par exemple, dans les Allemandes, à cause de la lenteur du mouvement; alors l'inégalité tombe sur les doubles
croches, s'il y en a.*

Saint-Lambert, *Les principes du clavecin*, 1702.

La Loure.

Chacun des six temps de la Loure demande une accentuation, et les noires y sont détachées ainsi que les blanches.
Les triolets qui peuvent figurer dans la Loure doivent être
exécutés d'une manière particulière :

*Quand chaque temps porte trois notes, on pointe la pre-
mière, et l'on fait brève celle du milieu.*

J.-J. Rousseau, *Dictionnaire de Musique*, Paris, 1767.

1. Le célèbre *Menuet d'Exaudet* figure avec et sans notes pointées,
dans deux versions manuscrites (Conservatoire).

J.-F. Rebel, *Les Éléments* (ballet), 1737.

Interprétation ($\downarrow$ = 112).

La Musette.

L'inégalité d'exécution des notes brèves est, en général, en raison inverse de leur rapidité, mais certaines danses, telle la Musette, quoique d'un mouvement modéré, se jouaient avec une inégalité peu marquée. C'est pourquoi la note pointée y était nécessaire lorsque l'on désirait une inégalité plus grande :

Musette en Rondeau

tendrement

Rameau, *Les Fêtes d'Hébé* (3e entrée, scène 7).

Ainsi, les notes pointées (écrites) sont-elles souvent la marque d'un cas d'exception, et l'on peut voir figurer dans une même page un air dont l'inégalité est notée, parce que, selon son titre et son mouvement, l'inégalité d'exécution eût été insuffisante, et un autre dont l'inégalité ne figure pas et dont l'exécution voulait cependant une inégalité marquée, du fait de son caractère :

Rameau, *Les Fêtes d'Hébé* (2ᵉ entrée nouvelle).

II

AGRÉMENTS

Les sentiments qui animent l'orateur ou le chanteur se traduisent en inflexions vocales involontaires qui les rendent immédiatement perceptibles à son auditoire. Ces manifestations, indépendantes de l'art lui-même, mais d'une importance capitale dans l'expression de celui-ci, sont des vestiges des communications instinctives antérieures au langage; leurs effets sont si frappants qu'il était naturel que les musiciens de tous temps en cultivassent l'emploi[1]. De cette recherche particulière devait naître l'ornementation musicale dont la pratique sur les divers instruments (selon leur technique particulière) a pour commune origine l'imitation de la voix. Son étude n'eût jamais dû faire perdre de vue sa raison d'être primitive d'essence émotive pure[2].

1. « *Au temps des plus anciennes œuvres pour le chant ou les instruments qui nous aient été conservées, il était entendu que l'exécutant ornait à son goût les mélodies, très simplement notées dans leurs lignes principales* » (*Dictionnaire de Riemann, Agréments*).

2. « *Inflexion ou modification de la voix ou de la parole par laquelle on exprime les passions et les affections naturellement ou par artifice* » (Mersenne, *Harmonie universelle*, 1637, à propos de l'accent). La virtuosité mal comprise eut souvent tendance à ne voir dans l'ornementation qu'une occasion de briller.

La définition courante des agréments : « ... *utilisés à varier, à agrémenter une mélodie...* » (*Riemann*) donne une piètre idée du rôle de ceux-ci. De telles définitions, leur nom même, ont pu donner à croire que les agréments étaient des adjonctions d'ordre facultatif, d'autant que si certaines pages anciennes comportent un grand nombre de signes d'agrément, d'autres en sont dépourvues, et l'on a pu supposer que ces dernières s'exécutaient telles quelles. Les différences que l'on observe de ce point de vue dans la musique ancienne ont des causes diverses ; ainsi l'absence d'agréments pouvait être le fait de difficultés d'ordre technique :

Pour les accents, la difficulté d'apposer des caractères à tant de notes qu'il en faudrait m'en a fait rapporter au jugement de celui qui touchera comme je fais des cadences qui sont communes ainsi que chacun sait...

Titelouze, Hymnes de l'église, 1623.

Quelles qu'en aient été les raisons, peu importait en fait. La musique ne s'exécutait, ne se concevait même pas sans ces « accents » et « cadences » (c'est-à-dire appogiatures et trilles) et l'on apprenait au cours des études musicales à placer de soi-même les divers agréments là où il le fallait.

Les « *Maîtres de Goût-du-Chant* » le marquent « *seulement avec du crayon jusqu'à ce que les écoliers sachent le placer d'eux-mêmes* », dit J.-J. Rousseau d'un certain « accent » (*Dictionnaire*, 1775).

Ce n'est pas assez de savoir jouer les ports de voix chacun selon sa nature, lorsqu'ils sont marqués : encore faut-il savoir les ajouter convenablement lorsqu'ils ne sont pas écrits.

J.-J. Quantz, Versuch..., Berlin, 1752 [1].

---

1. La tradition se maintint fort longtemps surtout parmi les chanteurs : « *Soyez sobres d'ornemens, le récit n'en exige pas; l'appogiature cependant sur les terminaisons féminines est presque de rigueur, mais il y a des exceptions, et comme les compositeurs ne les écrivent pas toujours, sachez les placer avec discernement* » (G. Duprez, *L'Art du chant*, Paris, 1845).

Rien de surprenant donc à ce que les signes d'agréments aient été inégalement ou insuffisamment notés, sinon omis[1]. Et pourtant leur importance, ou du moins l'importance de certains d'entre eux est telle que, sans une connaissance approfondie de la question, le musicien actuel peut être certain de défigurer les œuvres du passé. Jouées telles qu'elles sont écrites, les pièces de Titelouze, par exemple, seraient à peine reconnues de leur auteur.

G. Muffat, louant « *la belle méthode d'exécution selon le goût de M. de Lully* » qui veut « *la mélodie naturelle, d'un chant facile et coulant fort éloigné des artifices superflus, des diminutions extravagantes[2]* », insiste sur l'importance qu'il y a « *de savoir se servir avec jugement des belles manières et des ornements convenables, qui font briller l'harmonie de part et d'autre comme d'autant de pierres précieuses* » (*Florilegium*, 1695). Dans le même ouvrage, au chapitre v, *Des agréments et ornement du jeu*, après avoir décrit ceux-ci, puis exposé en dix paragraphes l'art *de les utiliser dans l'exécution*, Muffat ajoute :

... j'ose dire que tout le secret des ornements du jeu à la française est contenu comme en un abrégé en ces dix règles, desquelles (outre ce que j'ai dit dans les articles précédents) dépend une douceur, vigueur et beauté particulière de cette méthode, qui la fait distinguer des autres. Cependant, on manque facilement et en quatre sortes, à cette principale partie de la Mélodie, que certains vains mépriseurs croient être de peu d'importance; à savoir par omission, par impropriété, par excès et par inhabilité.

Par omission, la mélodie et l'harmonie en deviennent

---

1. En général, comme il s'agit d'une finition de l'écriture, on trouve plus ou moins de signes d'agréments dans la musique ancienne selon que celle-ci était destinée à des amateurs ou des professionnels ou à une plus ou moins grande diffusion.

2. Diminution : « *Vieux mot, qui signifiait la division d'une note longue, comme une ronde ou une blanche, en plusieurs autres notes de moindre valeur...* » (J.-J. Rousseau. *Dictionnaire*, 1775).

nues et sans ornement. Par impropriété, le jeu se rend rude et barbare; par excès, confus et ridicule; et par inhabilité, lourd et contraint. C'est pourquoi il faut user de tant d'assi-duité à faire ces précieux ornements de la musique, toutes les fois qu'il en est besoin, de tant de circonspection à en con-naître les vrais endroits et de tant de dextérité à les bien exprimer, que négligeant un seul port de voix en montant[1], ou un seul tremblement sur un mi ou sur un dièse de bonne note[2] ou se méprenant à sauter en haut à un seul tremble-ment[3] ou à se servir ailleurs que nous n'avons enseigné d'une exclamation désolée; ou trouvant la moindre difficulté à don-ner promptement et distinctement un tour coulant à ces figu-res, souvent, ceux qui s'imaginent déjà au comble de la per-fection lullienne font bientôt connaître qu'ils ne sont pas encore assez expérimentés en ce style.

(Florilegium, 1695).

Que dirait Muffat de l'exécution « lullienne » d'aujour-d'hui ? Qui se soucie d'étudier les agréments particuliers à cette école pour ensuite les placer dans l'exécution comme il conviendrait de le faire ? N'a-t-on pas été jusqu'à dire que Lully avait interdit tout agrément! Alors que seuls les « dimi-nutions » et les « doubles » improvisés avaient été proscrits de son orchestre. Ses musiciens[4] au contraire savaient utiliser et placer d'eux-mêmes les agréments en usage, si bien que Lully n'eut pas à les écrire. On n'en voit que fort peu dans son œuvre. Le signe + seul y apparaît de temps à autre[5]. Moins

1. Ports de voix :

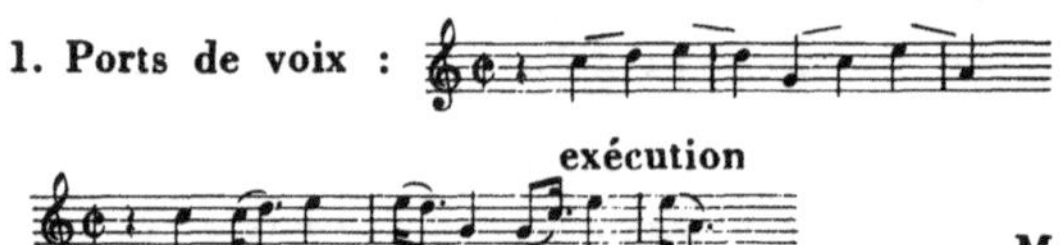

exécution

Muffat, *Florilegium*.

2. Troisième degré ou sensible.
3. Attaquer un trille par mouvement disjoint ascendant.
4. Muffat avait été l'un d'eux de 1665 à 1671.
5. La croix + ou t, d'usage répandu, en France surtout, indique la présence d'un ornement comportant le plus souvent un tremblement. Ce n'est pas le signe d'un agrément particulier.

62

favorisé, Cambert, son contemporain, devait écrire en toutes
notes les agréments de ses compositions. Le passage suivant
extrait de sa *Pomone* (1671) donne une idée de sa notation :

[1]. Le même fragment, sous la plume de
Lully eût donné : L'étude de la notation

à la Cambert est donc d'un grand intérêt pour l'interprétation de la musique de Lully. La notation de la génération
musicale suivante ne l'est pas moins; on y retrouve figurant en toutes notes la plupart des agréments utilisés par celui-
ci. Dès la fin du XVIIe siècle, en effet, les agréments commencent à figurer systématiquement, dans la musique instrumentale tout au moins, sous une forme ou sous une autre :
signes, petites notes ou notes de valeur. Il s'ensuit une transformation apparente de l'écriture qui a pu faire croire à un
changement radical du style. Ce n'est en fait que progressivement que cette évolution s'opéra. Le tableau suivant, dont la
partie « Lully » est extraite du *Florilegium* de Muffat, met en
parallèle certains des agréments utilisés alors et leur figuration au siècle suivant :

---

1. Appogiature passagère (voir page 105).

Lully[1].
Après Lully
1) Le sur-accent   exéc.   Bernier   Motet Benedicam Dominum in Domino
2) Le sous- accent   »   Mozart   Sonata III (piano)
3) Le sursaut   »   Gluck   Orphée. Acte I, sc. 2
4) L'accent ou la superficie   »   Couperin   L'unique (8e ordre)
5) Le relâchement   »   J.-S. Bach   Saint Matthieu, Passion, 4e récit
6) La dispersion   »   Destouches   Les Éléments. Acte IV, sc. 4
7) Le port de voix   »   Purcell   Almand (Lessons)

1. Signes d'agréments de l'école de Lully qui, d'une manière générale, ne figurent pas dans son œuvre.

Les signes figurant dans ce tableau servaient pour apprendre les agréments ; aucun d'eux ne figure habituellement dans les œuvres du temps (t ou + exceptés). Il faut donc en faire abstraction pour obtenir la notation réelle. L'exemple n° 1 se lisait donc en réalité ⟨musique⟩. L'air d'*Orphée*, illustration de l'exemple n° 3, nous serait parvenu sous la forme suivante, s'il eût été de Lully : ⟨musique⟩ et c'est sous cette forme que les chanteurs contemporains nous l'eussent fait connaître. Pourrions-nous dire alors que cet air nous serait connu ? Avons-nous le droit de dire que nous connaissons Lully, n'en ayant jamais entendu une ligne autrement que dépouillée de tous ses « accents », privée de tout ce que ceux-ci apportent de naturel et d'expressif dans la mélodie ainsi que de richesse dans l'harmonie ?

Il est plus facile de rendre justice à ses successeurs, ainsi qu'on vient de le voir dans le tableau ci-dessus. La nouvelle notation permettait à des musiciens moins stylés que ceux de l'école de Lully d'exécuter les agréments convenables sans même les connaître. Elle présentait cependant le grave inconvénient de mêler ceux-ci aux notes réelles, sans que l'œil les y puisse distinguer, et la figuration en petites notes qui apparut alors pour noter les « accents » les plus importants vint en partie remédier à ce défaut. Quelques agréments résistèrent cependant à cette intégration à l'écriture ; ce sont ceux qui figurèrent alors dans les « tables d'agréments »[1]. Par une illusion bien naturelle, on a pu croire à une augmentation du nombre des agréments utilisés, à la vue de ces tables dont les générations précédentes se passaient. Mais si l'on considère que le tableau ci-dessus ne représente qu'une partie, « les principaux », dit Muffat, des agréments utilisés par Lully[2], on com-

----

1. Ainsi que certains « accents » des méthodes de chant. ⟨musique⟩ Rameau, *Les Indes Galantes* (Les Incas). Les petites notes traduisent des signes ajoutés au crayon à l'époque par l'interprète elle-même.

2. Encore en ai-je supprimé quelques-uns comme le « tremblement » et le « pincé ».

prendra qu'il n'était pas possible aux compositeurs de faire figurer ceux-ci en tête de leurs ouvrages avec les signes correspondants, sans tomber dans le pédantisme.

Ces agréments rebelles à la notation, et pour lesquels des signes existent encore actuellement, sont avant tout les agréments à battements alternatifs rapides de deux notes rapprochés (tremblements, pincés, etc.). Si les éditeurs des XVIe et XVIIe siècles les notèrent parfois, ce fut sous une forme simplifiée Bien que visiblement

Pierre Attaingnant, 1530.

étrangères à la ligne mélodique, les notes brèves d'une telle formule risquaient cependant d'être prises à la lettre et exécutées telles qu'elles étaient notées. Comme, d'une part, ces schémas ornementaux compliquaient l'écriture et que, d'autre part, ils étaient inutiles à l'exécutant musicien de l'époque, ils finirent par disparaître, remplacés dès lors par des signes polyvalents comme + ou t, ou par d'autres à signification précise. La mise au point représentée par la table d'agréments était d'une grande utilité. Les signes d'agréments à rôle exclusif variaient en effet d'une école à une autre. Ils pouvaient différer chez un même auteur, selon qu'il s'agissait d'orner une ligne vocale ou instrumentale et même selon l'instrument. Enfin la nomenclature des agréments n'était pas moins chaotique : un même nom pouvait désigner des agréments différents et vice versa :

On n'est pas tout à fait d'accord sur la figure ni sur le nom des agréments qui se pratiquent pour la propreté du chant français.

Monteclair, *Nouvelle Méthode*, Paris, 1709.

Le rôle des tables était donc d'établir une entente préalable entre le compositeur et son interprète au sujet d'agréments d'un usage courant, et non d'enseigner à exécuter ceux-ci. Leur figuration pour cette raison en est simplifiée à l'extrême et c'est par suite d'un grave malentendu que de tels schémas sont exécutés à la lettre de nos jours. Nombre d'ouvrages didactiques, par contre, présentent des réalisations étudiées des mêmes agréments : Exemple :

Signe   Figuration schématique   Réalisation

Le premier exemple de notation ci-dessus est extrait d'une table de Lebègue, *Livre d'orgue*, Paris, 1676. Le second, de la *Méthode nouvelle...*, de David, Paris, 1737.

Si, de nos jours, les agréments figurant dans les tables sont ainsi consciencieusement reproduits, ce qui aboutit à une trahison, que dire des agréments que la notation fit disparaître pour la vue en les incorporant ? Aidé par la pratique de l'ancien solfège, le musicien du XVIIIe siècle savait les reconnaître, et une tradition séculaire d'exécution lui permettait de leur donner le tour et le dynamisme particuliers qui leur étaient indispensables. Pour les musiciens de notre siècle, ce sont des notes comme les autres, qui s'exécutent de même, au point que les petites notes, ces précieuses indications, ne représentent plus pour eux qu'un archaïsme et une gêne, et c'est au petit bonheur le plus souvent qu'ils en traduisent la valeur.

Pour que l'exécution des notes d'agrément, écrites en notes de valeur ou en petites notes, puisse reprendre un sens, l'adjonction de nombreuses indications, et en particulier d' « accents » au sens moderne du mot, est devenu indispensable. C'est ainsi que la phrase de Gluck, déjà citée plus haut, devrait s'écrire à peu près comme suit :

La notation s'est compliquée du fait que les notes dites « accents » ayant disparu pour faire place à des notes ordinaires, il faut leur adjoindre les signes d'accentuation appelés justement « accents » dans l'écriture actuelle, ce qui revient à peu près au même. Ainsi joue-t-on les anciens « accents »

sans le savoir. Bien que constamment utilisés, ils n'ont plus d'existence officielle.

Agrément inusité de nos jours.
Dictionnaire de Riemann, article « Accent ».

Pour redonner aux agréments en général, et aux « accents » en particulier, leur signification véritable, il faudrait arriver, malgré les habitudes acquises de docilité et de respect de la note écrite, à jouer ceux-ci comme s'ils ne figuraient pas, comme s'ils étaient le fait de l'interprète inspiré plutôt que de l'auteur. Un essai de notation de certains *negro spirituals* serait instructif à cet égard. N'y serait-on pas constamment hésitant sur la manière de noter telle inflexion, tel port de voix... ? Le résultat, au mieux-aller, serait un à-peu-près, une sorte d'aide-mémoire susceptible de permettre à l'auditeur de retrouver l'exécution originelle. Tout autre que cet auditeur n'en pourrait redonner le caractère. C'est qu'il n'existe pas, en dehors des petites notes, de figuration spéciale pour les notes improvisées ou assimilées qu'on appelait autrefois « notes de goût ». Ainsi que dans ces *negro spirituals*, une part importante était faite dans la musique ancienne à l'extériorisation de l'interprète. Les agréments appartenaient essentiellement à ce domaine. Leur exécution en connaissance de cause est donc indispensable à l'expression, à la vie même de cette musique. Tout ornement donnant l'impression de sécurité de la chose apprise est hors de son caractère, et de ce fait, inutile et nuisible :

... Qu'un agrément soit autant bien rendu qu'il se puisse, il y manquera toujours ce certain je-ne-sais-quoi qui en fait tout le mérite s'il n'est guidé par le sentiment. Trop ou trop peu, trop tôt ou trop tard, plus ou moins longtemps dans les suspensions, dans les sons enflés ou diminués, dans les battements de trils dits cadences, enfin cette juste précision que demande l'expression, la situation, manquant une fois, tout agrément devient insipide : on n'en fait que trop souvent l'épreuve à notre théâtre. Cet homme a une belle voix, chante

bien; cependant il me plaît moins que cet autre qui, quoique moins favorisé de ces dons, met de l'âme dans toute ses expressions. Tel est l'effet du sentiment qui ne se donne point.

Rameau, Code de musique pratique, 1760.

... Il y a apparence que M. Rousseau n'a pas connu l'amour, et surtout l'amour heureux... il est au moins à désirer pour nous qu'il devienne le témoin d'un entretien passionné. Il découvrira l'origine de nos ports de voix, de nos martèlements...

Cazotte, Observations sur la lettre de J.-J. Rousseau au sujet de la Musique française, 1753.

C'est surtout au caractère des paroles de décider la durée, l'énergie ou la douceur, la vivacité ou la lenteur de tous les différents agréments.

Bérard, L'art du chant, 1755.

Il faut les brusquer dans la colère, et les finir dans les chants agréables.

L'Ecuyer, Principes de l'Art du chant, 1709.

La pratique de l'ancienne manière de solfier devrait être remise en honneur comme exercice préparatoire à l'exécution des agréments. Les notes réelles seules y étaient nommées :

Exemple :

Denis, Nouvelle méthode..., 1747 [1].

1. J'ai remplacé, dans ces exemples, *ut* par *do*, ainsi que le *fa* du *si* bémol (solmisation) par *si*, et complété, entre parenthèses, certains manques.

Cet exercice ne sera valable que si l'on s'astreint au legato tel que le comportent la plupart des agréments ci-dessus. Ainsi, le deuxième exemple se dit : *do-ré-mi*, et non : *do, o, o, ré, é, é, mi*; ce qui démontre assez combien sont fautives les habitudes de certaines écoles de chant, qui se font un mérite de « détailler » les ornements, et saccagent ainsi les plus belles pages de la musique ancienne, faisant jou-hour de « jour » et ko-ho-ho-mme du mot allemand *komme*. Il arrive trop souvent que les victimes de cette interprétation soient tenues pour responsables de l'effet produit :

Si l'on voulait chicaner Gluck au sujet du naturel de sa déclamation, on lui demanderait pourquoi il use et abuse des appogiatures, de façon à détruire complètement la mesure des vers et à déformer l'accent du langage. Par exemple, dans Alceste :

> *Ah! malgré moi-a mon faible cœur partage*
> *Vos tendres pleu-eurs, vos regrets si touchants*
> *Et je sens bien-in en ces crue-els instan-ants*
> *Que j'ai besoin-in..., etc.*

Paul Landormy, Histoire de la Musique, p. 184.

Les agréments peuvent être classés en trois catégories d'après leur emplacement par rapport à la note réelle, et c'est ainsi qu'ils sont examinés ici[1] :

A) L'agrément se substitue à l'attaque de la note réelle.
B) L'agrément succède à l'attaque de la note réelle.
C) L'agrément précède l'attaque de la note réelle.

1. Il s'agit des agréments les plus usités, dans leurs appellations les plus courantes, ou les plus claires.

A) L'AGRÉMENT SE SUBSTITUE A L'ATTAQUE DE LA NOTE RÉELLE

1) LES APPOGIATURES

Les appogiatures comptent parmi les ornements les plus essentiels. Elles rehaussent l'harmonie aussi bien que la mélodie.

C. P. E. Bach, Versuch..., Berlin, 1759.

Le Port de voix[1] *est un des objets de la propreté du chant le plus essentiel; il l'orne d'une manière si gracieuse qu'il sert à exprimer tout ce que l'âme peut sentir... Peu de chanteurs ont réussi à le rendre aussi touchant et aussi sensible qu'il doit l'être et ce n'est qu'avec les sentiments d'un esprit bien pénétré de ce qu'il dit qu'on parvient à la perfection de cet agrément.*

David, Méthode nouvelle..., 1737.

Les appogiatures se font habituellement sur le degré supérieur ou inférieur de la note ornée. Elles sont de trois sortes : longues, courtes, et de passage. Ces dernières, appartenant à la catégorie des agréments précédant l'attaque de la note réelle, seront examinées dans la troisième partie (C) de cette étude, page 105.

Rien dans l'écriture ne permettait de distinguer ces trois appogiatures les unes des autres : l'usage voulait en effet que leur figuration fût identique; la troisième seule bénéficia parfois d'un signe particulier (voir page 107). Marpurg, C.P.E. Bach et quelques-uns de leurs émules s'efforcèrent de remédier à cet état de choses, sans cependant tomber dans l'intégration à l'écriture en notes de valeur. Ils représentèrent les deux premières par des petites notes en valeurs réelles (allant de la triple croche à la ronde) et Marpurg représenta la troisième, c'est-à-dire l'appogiature de passage, en inversant la

1. Ici, appogiature inférieure.

plique de la petite note. Exemple :  au lieu de .

Une petite note, de valeur indifférente, croche ou double croche, servait généralement à figurer l'appogiature longue, courte ou de passage mais on fit usage également de divers signes. Exemple :

J.-S. Bach, *Clavier Büchlein vor Wilhelm Friedemann Bach*, 1720.

Ce signe n'est utilisé par Jean-Sébastien Bach qu'exceptionnellement, du reste; il en est de même du suivant :

ici, traduits en appogiatures longues, ces mêmes signes étaient valables pour les deux autres espèces d'appogiatures.

L'appogiature longue.

L'appogiature longue se fait ordinairement sur une note consonante, de valeur relativement longue, et placée sur un temps fort. Lorsque l'appogiature ne figure pas, c'est habituellement la direction générale de la phrase, sinon la note précédente seule, qui détermine la place (inférieure ou supérieure) de celle-ci :

Sa valeur d'exécution dépend de celle de la note réelle sur laquelle elle est placée. Si cette durée est divisible par deux, la règle générale en attribue la première moitié à l'appogiature; divisible par trois, elle lui en attribue les deux tiers. Quand cette note réelle est suivie d'un silence, on donne le plus souvent à l'appogiature toute la place de celle-ci, qui prend alors la place du silence.

1. C.P.E. Bach, etc...

Une appogiature longue, à la tierce supérieure ou inférieure, qui s'est intégrée à l'écriture par la suite, fut fréquemment utilisée par Lully sous le nom de « sursaut »[1]. Exem-
ple :  exécution : Parmi

les autres appogiatures intégrées à l'écriture depuis Lully, on
peut citer un « Port de voix »[1] en tous intervalles, qui
répétait la note précédente. Exemple :

Muffat, *Florilegium...*, 1698.

Interprétation de l'appogiature longue.

Il est recommandé d'attaquer fermement celle-ci, d'enfler
le son si l'instrument et la durée de la note le permettent,
puis de le diminuer jusqu'à sa résolution, qui doit être aussi
imperceptible que possible :

C. P. E. Bach, *Versuch...*

Pour mieux réaliser ce dernier point, il importe que la
résolution ne tombe pas exactement sur une division de la
mesure; un léger retard est préférable. Celui-ci se fait naturellement après l'accentuation demandée par l'appogiature :

Mozart, *Sonata V*, piano et violon.

1. Voir page 64.
2. En notation actuelle, et tenant compte des recommandations ci-
dessus :

74

Exemples d'appogiatures longues :

Notation   Exécution

J. J. Quantz, *Versuch...*, 1752.

Léopold Mozart, *Méthode de Violon*, 1756 [1].

1. Comme on le voit, la plupart des exemples de Léopold Mozart vont plus loin que la règle dans la prolongation de l'appogiature longue.

<table>
<tr><td>Notation</td><td>Exécution</td></tr>
</table>

C. P. E. Bach, Versuch..., 1759

Des exemples similaires aux exemples *a*, *b*, *c*, de Quantz figurent également chez Carl-Philippe-Emmanuel Bach.

Tous ces exemples sont classiques; seule, la figuration des appogiatures en petites notes de valeur est particulière aux écoles Marpurg-C.P.E. Bach.

Exceptions aux règles précédentes :

L'expression mélodique (exemples *a* et *b* ci-après), certaines rencontres (exemple *c*), des imitations, etc., pouvaient commander des résolutions échappant aux règles précédentes.

Appogiatures prolongées par rapport aux règles précédentes :

76

Notation   Exécution

Appogiatures abrégées par rapport aux règles précédentes :

C.-P.-E. Bach, *Versuch...*

Notation   Exécution normale

A cause d'une autre partie, il peut être nécessaire de remplacer l'appogiature longue par l'appogiature courte :

Léopold Mozart, *Méthode de Violon*, 1756.

Autre exception :

Chez les luthistes, la durée de l'appogiature longue dépendait non pas de la valeur de la note ornée, mais de la durée de vibration d'une corde. L'appogiature et sa résolution s'exécutaient obligatoirement sur une seule corde et d'un seul pincement; il était donc indispensable que cette résolution s'effectuât avant la fin de la vibration de cette corde. La durée de l'appogiature longue était donc limitée. Elle pouvait être la huitième partie d'une note longue comme le quart d'une note de durée moyenne ou la moitié d'une note plus brève. L'influence du luth, qui fut prédominante aux XVIe et XVIIe siècles, marqua profondément la musique instrumentale, et, plus particulièrement, la musique de clavier. Dans les pages à la manière du luth, les ornements, notamment les appogiatures, s'exécutaient selon le style propre à cet instrument.

L'appogiature courte.

L'appogiature courte[1], dont la figuration ne diffère pas de celle de l'appogiature longue, se fait ordinairement dans les trois cas suivants :
a) Lorsque la note ornée est une dissonance. Exemple :

J.-J. Quantz, Versuch...

b) Sur l'une des notes les plus brèves utilisées au cours d'une pièce ou d'un passage. Exemple :

C.-P.-E. Bach, Versuch...

c) Entre deux notes de même son[2]. Exemple :

C.-P.-E. Bach, Versuch...

1. C'est la petite note barrée du XIXe siècle, figurant déjà dans certaines pages du XVIIIe siècle.
2. D'un emploi fréquent dans la musique du Moyen Age et de la Renaissance. Exemple :

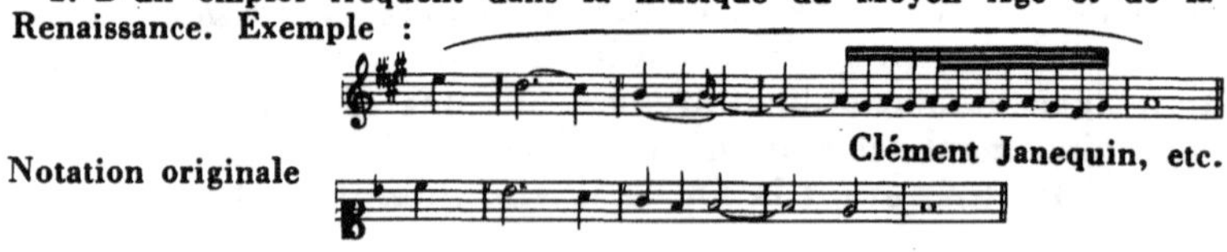

Clément Janequin, etc.

Notation originale

78

Il est important de ne tenir aucun compte de la valeur
écrite de la petite note, dit Carl-Philippe-Emmanuel Bach, la
durée de l'appogiature courte étant invariable. Elle doit être
aussi brève devant une blanche que devant une noire, dans un
adagio que dans un presto.

L'appogiature de passage (voir troisième partie (C) de cette
étude, page 105).

2) LE « FLATTÉ » — LA « TIERCE COULÉE »

Lorsqu'il ne figure pas en toutes notes, le « Flatté » est
représenté le plus souvent par les signes suivants, dans la
musique du XVIIIe siècle :

Quant à la « Tierce coulée », qui ne diffère du « Flatté »
que par sa note initiale tenue, ses signes habituels sont :

Ils se jouaient l'un et l'autre sans rigueur. Quelques auteurs
les voulaient même anticipant sur le temps de la note ornée
(voir page 109).
Exécution du « Flatté » lorsque la première petite note est
donnée pointée :

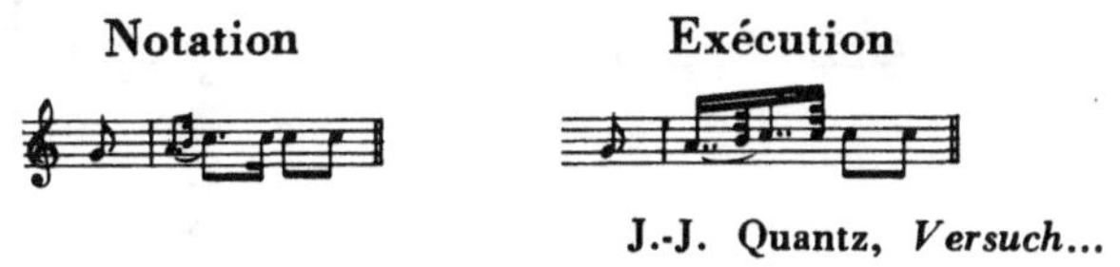

J.-J. Quantz, *Versuch...*

NotationExécution

C.-P.-E. Bach, *Versuch...*

3) LE « PORT DE VOIX DOUBLE »

Cet ornement, en usage au XVIIIe siècle, n'a pas de signe et figure habituellement en petits caractères. Exemple :

J.-J. Quantz, *Versuch...*

Il se fait d'ordinaire en montant. Un intervalle plus grand que la tierce s'y rencontre parfois, mais, dans ce cas, la première note de l'agrément doit être la répétition de la note précédente, et son exécution, dit C.P.E. Bach, doit être moins rapide. Les notes de cet ornement se jouent toujours dans une nuance inférieure à celle de la note réelle. Exemple :

NotationExécution

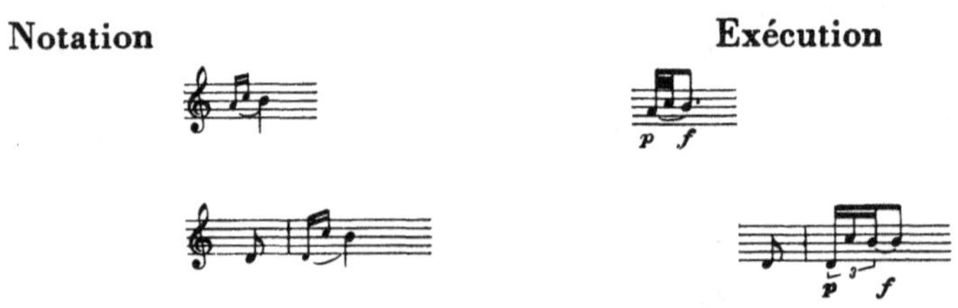

C.-P.-E. Bach, *Versuch...*, 1759.

Lorsque sa première note est pointée, le « Port de voix double », de même que le « Flatté », obéit aux règles de l'appoggiature longue. Exemple :

Notation  Exécution 

Marpurg, *Principes du clavecin*, 1756

4) Le « Doublé » ou « Tour de gosier »
Première espèce

Cet agrément est une appoggiature qui, dans sa résolution, dépasse son but pour y revenir aussitôt. Exemple :

Son signe habituel est ∽ ou ∾ ou ≀ placé au-dessus de la note ornée. Employé comme point de départ d'un tremblement : ∽w , son signe peut se réduire à une simple courbe rejoignant le signe du tremblement. La position de cette courbe indiquant si l'appogiature est inférieure ou supérieure à la note réelle. Exemple :

Notation Exécution

D'Anglebert, *Pièces de Clavecin*, 1689.

Ces exemples se retrouvent, dans le *Clavier Büchlein vor Wilhelm Friedemann...* de Jean-Sébastien Bach (1720). La première note de cet agrément doit être accentuée. Il se joue vivement, d'ordinaire, mais lorsqu'il est placé sur une note assez brève dans un *tempo* rapide, il doit occuper la durée de celle-ci tout entière, et sa vitesse d'exécution dépend alors de cette durée. Exemple :

Notation  Exécution

D'Anglebert, *Pièces de Clavecin*, 1689.

Étant donné qu'il est presque toujours exécuté avec rapidité, j'ai dû illustrer les différences de valeur des notes qui le composent selon le tempo.

Notation   *Exécution*

Ce bel ornement est presque trop complaisant; il convient à peu près partout, aussi en abuse-t-on souvent... Dans la plupart des cas, le doublé sert à ajouter du brillant; aussi, des passages, dont l'expression veut du soutenu et de la simplicité, sont-ils gâchés par ceux qui, par ignorance de style et de toucher, y introduisent le « doublé » sous prétexte que la valeur des notes le permet. Une compréhension générale de son usage correct peut s'acquérir si l'on considère que le « doublé » n'est autre chose qu'un trille normal en miniature avec sa terminaison [1].

C. P. E. Bach, *Versuch...*

Le « Doublé » ou « Tour de gosier »
Autres espèces (voir pp. 100 et 101)

1. En France, on le nommait parfois « cadence sans tremblement ».

5) LE TREMBLEMENT OU « TRILLE »

(Longtemps nommé « cadence » à cause de son utilisation
constante dans les conclusions mélodiques.)

Le « Tremblement » étant la répétition alternative, rapide
et plus ou moins prolongée, de l'appogiature supérieure et
de sa note de résolution, on ne doit le commencer qu'après
avoir fait entendre cette appogiature[1]. Celle-ci représente le
premier des trois éléments qui composent le « Trille ». Exemples :

Notation   Exéc.

L'Affilard, *Principes...*, 1717.

1. Une simplification d'écriture, d'origine italienne, peut donner l'impression que le « trille » commence par la note réelle. Il s'agit du
« trille » qui doit débuter au cours d'une tenue, soit sur la deuxième
de deux notes liées, lorsque celle-ci ne figure pas. Exemple :

au lieu de 

J.-S. Bach, *Clavecin bien tempéré*, fugue XXIV.

« *Lorsqu'on veut exprimer des notes pointées sans « coulé » ou « port
de voix »*, *on peut employer un petit tremblement à chaque point.* »
Exemple :

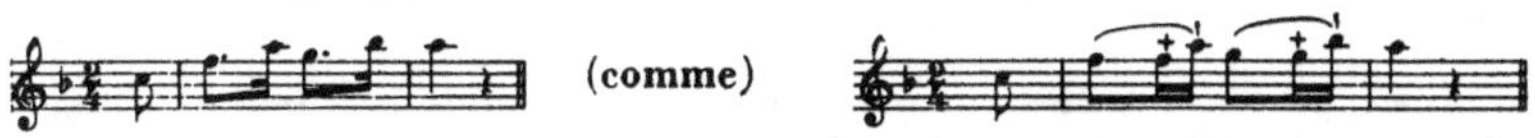

(comme)

Léopold Mozart, *Méthode de Violon.*

Notat.   Exéc.

David, *Méthode nouvelle*, 1737.

Le deuxième élément du « Trille » est le battement. Celui-ci, quoique moins brillant dans un style noble ou sévère, une voix ou un instrument à tessiture grave, n'en doit pas moins se faire avec rapidité, moins serré toutefois au début du « Tremblement » qu'à la fin, dans une progression impercep-ble[2]. Exemple :

Notation

Exéc.

David, *Méthode nouvelle*, 1737.

Le troisième élément du « Trille » est le « point d'arrêt », destiné à faire entendre clairement la résolution de l'appo-giature initiale. Exemple :

François Couperin, *L'Art de toucher le clavecin*, 1717.

1. Les terminaisons d'ornements étaient toujours rapides. Cet exemple est correctement noté, de ce point de vue; le précédent, ainsi que le deuxième exemple de David, se liront comme suit :

2. Ce sont ces trilles moins rapides que certains auteurs, L. Mozart notamment, ont appelé « tremblements lents », ce qui est la cause de certaines hérésies d'interprétations modernes (voir note page 96).

84

Ces trois éléments se retrouvent jusque dans les trilles les plus brefs où l'appogiature est marquée d'une simple accentuation suivie de deux ou trois battements; un silence peut tenir lieu de point d'arrêt pourvu que la dernière note entendue soit bien la note de résolution. Exemple :

« Tremblement aspiré », d'après F. Couperin.

Lorsqu'une liaison relie deux notes descendant par degrés conjoints, et que la deuxième comporte un trille, la première note se trouve ainsi prolongée de la valeur de l'appogiature de ce trille. Exemple :

Notation   Exéc.

même quand cette appogiature est des plus courtes. Exemple :

Notation :   Exéc.

C.-P.-E. Bach, *Versuch...*, 1759.

Les signes les plus courants servant à désigner le « Tremblement » ou « Trille », sont : ⅏, ⅏, tr, t ou +, ∕∕ . Chez quelques auteurs, la dimension du signe ⅏ influe sur la durée du tremblement proprement dit. Tous ces signes impliquent la présence de l'appogiature. Il pouvait être néanmoins nécessaire de préciser la valeur de celle-ci, ce qui se faisait particulièrement pour l'appogiature longue, et c'est à quoi servaient les petites notes ou signes suivants, que l'on adjoignait aux précédents :

et pour lesquels l'exécution :  est identique.

Le signe de l'appogiature longue
était souvent employé seul pour signifier à la fois celle-ci et le
trille. Exemple :

Notation  Exéc.

Enfin, toute cadence implique normalement un trille, que
son signe figure ou non, et il est particulièrement absurde
d'omettre ce trille quand sa terminaison est écrite, ainsi que
dans les exemples suivants :

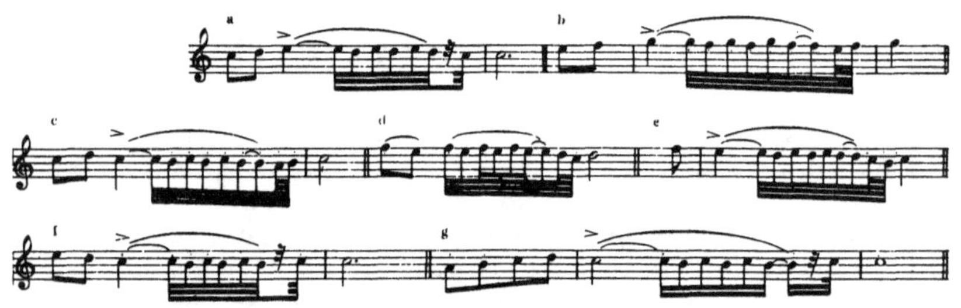

dont l'exécution est la suivante :

(Au sujet de la transformation, à l'exécution, des valeurs de
la terminaison du trille, voir note 1, page 84).

Qu'il y ait cadence ou non, de telles formules mélodiques
demandent un trille. La chose était évidente au point qu'un

signe de « non-trille » pouvait être nécessaire ; tel est le rôle
de la liaison dans les exemples suivants :

*Aussi forte que puisse être la tentation, de telles notes ne
doivent pas avoir de trilles.*

C.-P.-E. Bach, Versuch...

Variétés de « Tremblements » ou « Trilles » :

En ajoutant au trille d'autres ornements, on obtenait
notamment :

a) *Le « Tremblement porté » montant,* par adjonction
initiale d'un « flatté » : Exemple :

Notation

schéma
d'exéc.

b) « *Le « Tremblement porté » descendant,* par adjonction initiale d'un « doublé » : Exemple :

Notation

schéma
d'exéc.

c) Ajouté à la fin du trille, le « doublé » peut être considéré comme sa terminaison la plus classique :

les signes varient. Citons : François Couperin : ≋ , Purcell
(« a turned shake » :) ⌢ , Dandrieu, Rameau : ᷉ J. S. Bach
(avec adjonction du signe de l'appogiature longue) :

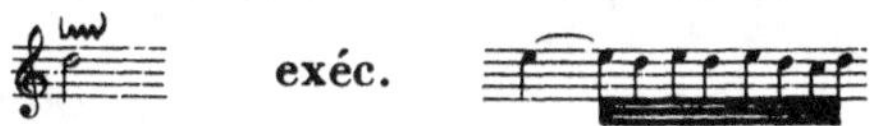

exéc.

On trouve également *tr* et

Mais cet ornement combiné se prêtait, dans son exécution, à une dissociation possible des deux éléments en présence. Exemple :

valable, du reste, en certains cas. Pour différencier les deux formules, avec ou sans césure, on adopta le « pincé » de préférence au « doublé » pour indiquer la formule ininterrompue. Le « pincé »

commençant sur la dernière note du tremblement ne permet pas l'interruption : exemple :

C'est le « tremblement et pincé » de d'Anglebert (1689), de Dieupart (1702) dont le signe est ᠕') et, chez Jean-Sébastien Bach : ᠕ .

Le « Tremblement et pincé » ou « Trille et mordant » ou encore « Tremblement double » devint si habituel au cours du XVIIIe siècle, qu'il finit par se faire même en l'absence de signe particulier. (On appelle alors en Allemagne « nachschlag » ces deux dernières notes qui terminent le trille). Pour Quantz, il s'agit là du trille proprement dit :

La terminaison de chaque tremblement consiste en deux petites notes « nachschlag », qui le suivent sans interruption et dans la même vitesse  *Quelquefois ces petites notes sont écrites mais, lorsqu'il n'y a que la note seule on doit sous-entendre et le port de voix, et le nachschlag, sans quoi le tremblement ne serait ni parfait, ni assez brillant.*

J.-J. Quantz, *Versuch...*

Notation 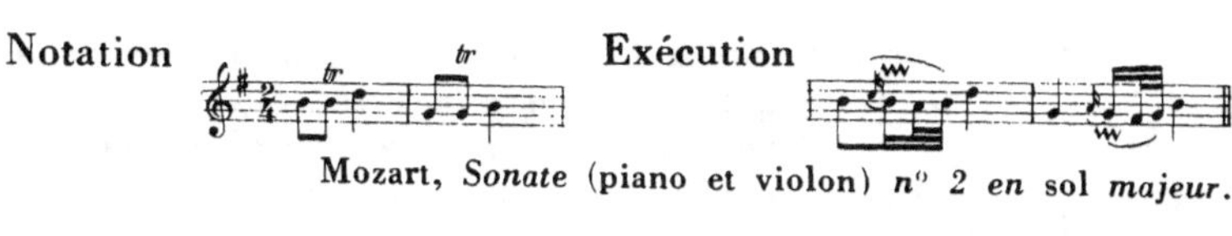 Exécution

Mozart, Sonate (piano et violon) n° 2 en sol majeur.

Carl-Philippe-Émmanuel Bach est moins catégorique :

Parfois, dit-il, *deux petites notes* (suit la description du nachschlag)... *servent à faire le trille plus brillant*

Cette terminaison est souvent notée

ou indiquée par le moyen

d'une adjonction au signe habituel : Dans un mouvement conjoint, sur des notes de valeur longue, elle doit s'ajouter au trille, que ce mouvement soit ascendant ou descendant. Le nachschlag peut aussi s'ajouter à un trille suivi d'un mou-

vement disjoint Sur des notes brèves, il fait mieux

dans un mouvement ascendant que descendant

Dans un mouvement suffisamment lent, les trilles suivants

peuvent comporter des nachschlag, malgré le

fait que les notes brèves qui succèdent aux points pourraient remplacer ces terminaisons. Les nachschlag n'y sont cependant pas indispensables pourvu que les tremblements durent toute la valeur des notes pointées[1].

C. P. E. Bach, Versuch...

1. Ne pas omettre, en ce cas, les « points d'arrêt » des trilles.

Quand il s'agit de notes pointées comme dans l'exemple ci-dessus, les nachschlag ne doivent plus être reliés à la note qui leur succède : « *Une séparation très courte doit être ménagée entre la dernière note du nachschlag et celle qui lui succède.* » : *Exemple :*

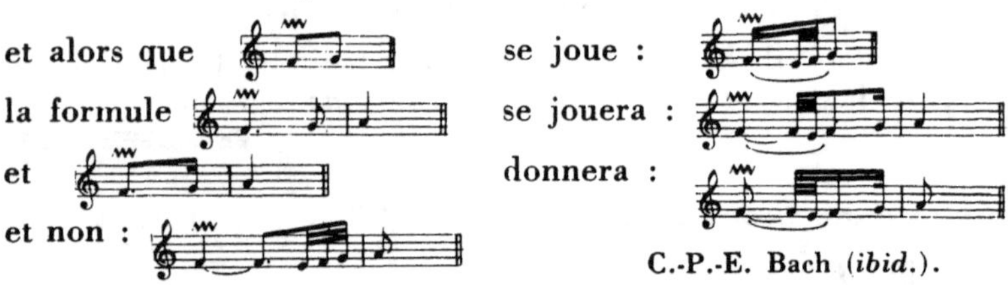

et alors que   se joue :

la formule   se jouera :

et   donnera :

et non :

C.-P.-E. Bach (*ibid.*).

Pour C.P.E. Bach, cette « courte séparation » entre la dernière note du nachschlag, et celle qui lui succède est tellement évidente, qu'il ne la fait pas figurer ; sinon, il eût écrit :

et, pour l'exemple précédant ceux-ci :

C.P.E. Bach ajoute :

Le trille sans terminaison s'emploie au mieux dans des successions de notes descendantes : et principalement *sur des notes brèves :* La terminaison est également supprimée dans une suite de trilles, et lorsque les trilles sont suivis d'une ou plusieurs notes brèves, susceptibles de la remplacer :*

On la supprime aussi dans les triolets :

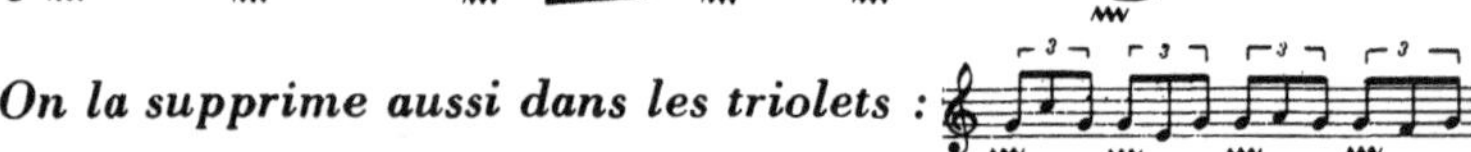

Carl-Philippe-Emmanuel Bach termine son exposé par ces mots :

90

Une oreille moyennement exercée peut toujours dire si le nachschlag doit être employé. Je n'en ai longuement parlé ici que dans l'intérêt des débutants.

6) Le silence expressif ou « suspension »

Cet agrément est généralement noté. Exemple :

Chambonnières (1670).

Cependant, François Couperin utilise à cet effet le signe que l'on retrouve chez Rameau :

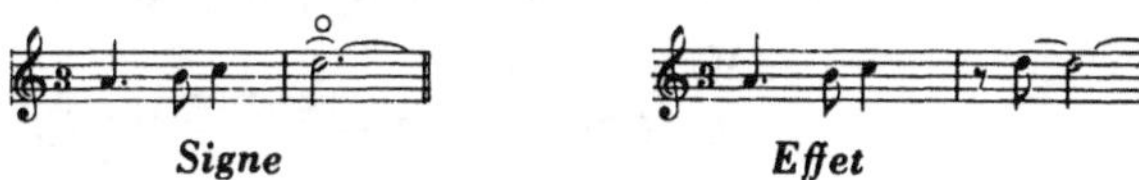

F. Couperin, *Pièces de clavecin*, 1713.

B) L'AGRÉMENT SUCCÈDE A L'ATTAQUE DE LA NOTE RÉELLE

1) Le « vibrato » ou « trémolo »[1]

Cet effet vocal... (*ce n'est pas autre chose que la vibration de la voix sur une note. M. Praetorius — « Syntagma Musicum » — 1619*)... eut un nom différent selon les instruments qui voulaient le reproduire : « martèlement » à l'orgue, « langueur » ou « battement » aux instruments à archet, « verre

---

1. Aussi nommé « trillo » en Italie, de même que le tremblement ou trille proprement dit.

cassé » au luth, « balancement » (*bebung* en Allemagne) au clavicorde, « flattement » ou « tremblement mineur » aux flûtes, hautbois, etc.

Pour la voix, on distinguait deux sortes de « vibrato ». Le premier était unisonique : c'était la même note répétée, *legato*, de plus en plus rapidement. Exemple :

M. Praetorius, Syntagma musicum, 1619.

L'autre s'écartait légèrement de la note initiale, et Praetorius, après avoir dit l'impossibilité d'apprendre à faire cet ornement d'après des explications écrites, ajoute :

... cependant, j'ai pensé qu'il était nécessaire de donner quelques exemples, afin... que l'on puisse voir et comprendre jusqu'à un certain point ce qu'on entend par « trillo ».

Exécution :

M. Praetorius, ibid., 1619.

Dans la recherche au clavier du même effet, clavicorde excepté, les battements se faisaient avec une note voisine de la note ornée. La note supérieure était jugée préférable à la note inférieure :

Exécution :

1. Ce « trillo » se rencontre chez Monteverdi dans une notation similaire : ainsi, dans *Zefiro torna*, Madrigali (Malipiero, tome IX).

G. Diruta, *Méthode « Il Transylvano... »*, 1593.

Cet agrément, fort en vogue à la fin du XVIe et au début du XVIIe siècle, ne se maintint par la suite que parmi les instruments qui le réussissaient le mieux, c'est-à-dire le clavicorde, le luth, les instruments à archet, la flûte, le hautbois... Quant aux chanteurs, ils l'abandonnèrent pour se consacrer à la technique, bien différente, du tremblement[1]. C'est parmi les chanteurs italiens qu'il semble s'être maintenu le plus longtemps; il est pourtant condamné finalement par l'un d'eux en ces termes :

Que ne dirait-on pas de celui qui inventa l'art prodigieux de chanter comme les grillons ? Qui eût jamais imaginé, avant l'apparition de cette mode, que dix ou douze croches à la file pouvaient être roulées l'une après l'autre par un certain tremblement de la voix ?

P.-F. Tosi, *Opinioni de cantori...*, Bologne, 1723.

Cet ornement banni réapparaîtra à la fin du XVIIIe siècle, tant dans le « bel canto » qu'aux instruments, sous le nom de « ribattuta » ou « trille de cadence finale » :

trille de cadence finale

Louis Adam, *Méthode de piano du Conservatoire*, Paris, 1803.

1. J.-J. Rousseau explique cette différence de technique à l'article « chevroter » de son *Dictionnaire de musique*, 1775 :
« C'est, au lieu de battre nettement et alternativement du gosier les deux sons qui forment la cadence ou le trille..., en battre un seul à coups précipités. »

Au cours du XIXe siècle, cet ornement se substitua peu à peu au véritable tremblement[1], et, actuellement, la majorité des musiciens ne connaît pas d'autre « trille ». C'est celui-ci qui est généralement utilisé, au mépris du style.

Aux instruments à archet, de même qu'au luth, l'effet de vibrato pouvait être obtenu de plusieurs manières : l'une, le « battement » (en anglais : « close shake ») se faisait en battant du doigt voisin du doigt tenu, mais de si près qu'on ne puisse pas, pour ainsi dire, entendre une autre note. Exemple :

J. Playford, *Breefe introduction to the skill of music*, 1654 ; et C. Simpson, *The division-violist*, 1659.

l'autre, la « plainte », « langueur » ou « balancement », qui est l'actuel vibrato des cordes, en balançant la main gauche au-dessus du doigt tenu[2].

Le toucher particulier au clavicorde permet d'obtenir ce vibrato par un balancement régulier du doigt sur la touche. On le nommait en fait « balancement » (en allemand « *bebung* »).

Dans sa comparaison entre le clavicorde et le pianoforte, C. P. E. Bach dit :

... je trouve... qu'un bon clavicorde, sauf que sa sonorité est plus faible, a toutes les beautés du pianoforte, et de plus, le « bebung » et la possibilité de prolonger le son, ce que j'obtiens par une pression supplémentaire après chaque attaque.

C.P.E. Bach, *Versuch...*, 1759.

1. Voir la méthode de piano de Hummel (1828).
2. On faisait aussi, de l'archet seul, un effet se rapprochant de celui du « tremblant » de l'orgue; et au luth, un trémolo effectué des ongles de la main gauche, après avoir pincé la corde de la droite; ainsi que le vibrato lent obtenu en agitant l'instrument tout entier.

94

Le signe du balancement (utilisé par J. S. Bach) était
une série de points surmontés d'une liaison[1]. Exemple :
Not.   Exéc. :

Au clavicorde, toute note longue expressive demande
l'emploi du « balancement » : encore en faut-il éviter l'abus,
et aussi « ... *se garder de l'exagération haïssable causée par
une pression trop violente.* »

Türk, Klavierschule, 1789.

Le « flattement » ou « tremblement mineur » des flûtes,
hautbois, etc., correspond au « battement » ou « close shake »
des instruments à archet. Mais, alors que celui-ci hausse un
tant soit peu la note ornée, le « flattement » la baisse d'autant. Il s'obtenait en battant le bord du trou voisin de celui
de la note écrite, ou, pleinement, le trou suivant. Sur la note
la plus grave de l'instrument, l'effet ne pouvait être obtenu
que « par artifice ».

*On ébranle la flûte avec la main d'en bas, en sorte que
l'on puisse imiter par ce moyen le flattement ordinaire.*

Hotteterre, Principes de la flûte traversière, Paris, 1707.

2) Le « pincé » ou « mordant »

C'est un tremblement commençant et se terminant par la
note réelle. Il s'effectue normalement avec le degré inférieur
voisin; plus volontiers à distance de demi-ton, ce qui motive
souvent l'altération de ce degré inférieur (cette altération était
fréquemment sous-entendue).

On distingue cinq sortes de « pincé » : a) simple, b) double, c) continu, d) étouffé, e) renversé.

Le pincé doit être exécuté avec la plus grande rapidité. Il

---

1. Le mot « trémolo » pouvait en tenir lieu.

... se fait en frappant une ou deux fois de suite, et le plus vite qu'on peut sur le trou le plus proche du ton où l'on veut le faire.

Hotteterre, Principes de la flûte traversière, Paris, 1707.

Les auteurs sont unanimes à ce sujet et l'on ne trouve pas d'exemple de « pincé » lent [1], sauf parmi les pincés renversés.

a) *Le « pincé simple »* ... ou ... exéc. ...

b) *Le « pincé double »* ... exéc. ... dont le nombre

de battements était facultatif. Pour Couperin, le pincé double était utilisé chaque fois que la durée de la note s'y prêtait, aussi n'utilise-t-il qu'un signe ⌇ , lequel, dans sa table d'agréments, prend le nom de « pincé simple » au-dessus d'une noire, et de « pincé double » au-dessus d'une blanche. L'application de ce principe est valable pour tous les musiciens qui n'utilisent qu'un signe pour ces deux sortes de pincés.

c) *Le « pincé continu »*

exéc.

F. Couperin, Pièces de clavecin, 1713.

d) *Le « pincé étouffé »* ou « acciacatura » est un pincé simple dont les deux notes sont attaquées en même temps; c'est dire que cet ornement ne s'exécute qu'au clavier. La note inférieure est aussitôt relâchée, la supérieure seule demeurant en place. C.P.E. Bach l'indique de la façon suivante ... et en parle comme d'une manière assez exceptionnelle de jouer les pincés, qui ne doit être employée que dans le *non-legato*.

----

1. *Le trille et le pincé doivent être exécutés de telle sorte que l'auditeur puisse croire qu'il n'entend que la note réelle* (C. P. E. Bach, *Versuch...*).

e) *Le « pincé renversé »*, d'usage courant jusqu'au début
du XVIIᵉ siècle, était comme un fragment du « martèlement »
de l'article précédent. On l'employait volontiers en alternance
avec le pincé, selon le mouvement mélodique. Exemple :

(pincé)   exéc.

(pincé renversé)   exéc.

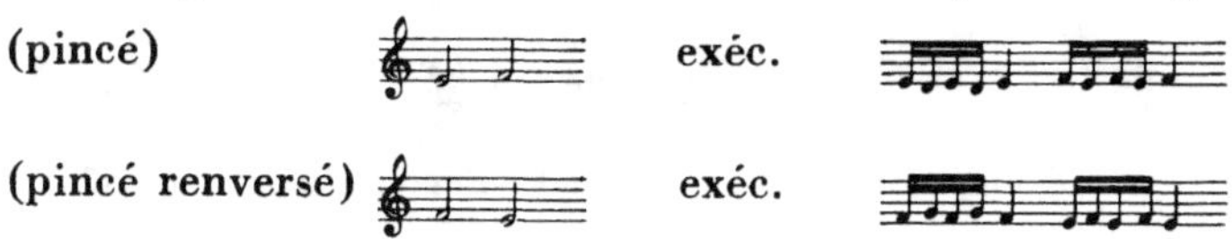

N. Ammerbach, *Orgel oder instrumental Tabulatur*, 1571.

Autres exemples, sous le nom de « tremoletti [1] » :

M. Praetorius, *Syntagma musicum*, 1619.

Après un grand siècle de disgrâce, le « pincé renversé »
réapparaît au XVIIIᵉ siècle dans sa forme la plus courte :
C.P.E. Bach le nomme « schneller » :

*L'exécution de cet ornement, que les autres auteurs ne
mentionnent pas, suggère l'appellation de « schneller » qui
pourrait lui être donnée. Dans son utilisation comme dans
sa forme, c'est le contraire du pincé... Le « schneller » est
toujours joué rapidement et ne se fait que sur des notes vives
et détachées, auxquelles il donne du brillant.*

C. P. E. Bach, *Versuch...*, Berlin, 1759.

1. Les deux premiers exemples sortent du caractère normal du véritable
« pincé renversé ». G. Muffat les nomme « pincés lents ».

On le trouve également dans les notations spéciales à
l'usage des fabricants d'orgues à cylindre. Le signe ⌄ dans
cette notation, désigne le pincé normal, et ⌃ le pincé renversé. Exemple :

Notation  Exéc.

d'après *La Tonotechnie* du P. Engramelle, Paris, 1775.

Les combinaisons les plus usitées du pincé avec d'autres
ornements sont :

— *Le « tremblement et pincé »*
   (voir page 88);
— *Le « Port de voix [1] et pincé »*

dont les signes
les plus usités sont : C'est l'équivalent,
renversé, du tremblement, et *en apparence*, du tremblement
précédé de l'appogiature longue : mais, alors que
la petite note placée avant un tremblement garde toujours sa
signification d'appogiature longue : exéc. , la
petite note, appogiature inférieure du pincé, n'indique aucunement la valeur de celle-ci, et c'est à l'exécutant que revient
le soin de juger si c'est une appogiature longue ou courte qui
convient. Ainsi, le signe suivant peut se traduire
aussi bien par (app. longue) que par
(app. courte), selon les cas.

Pour la plupart des musiciens français, le pincé était le
complément naturel de l'appogiature inférieure, et celle-ci se
faisait rarement sans celui-là, que son signe figure ou non avec
celui de cette appogiature :

1. Appogiature inférieure.

98

*Le martèlement (pincé) est toujours inséparable du port
de voix* (appogiature inférieure), *car le port de voix doit toujours se terminer par un martèlement. C'est un agrément
que la voix fait naturellement par une petite agitation du
gosier en terminant le port de voix. C'est pourquoi les instruments doivent l'imiter.*

Jean Rousseau, *Traité de la viole*, 1687.

F. Couperin donne les exemples suivants, dans lesquels
figure le pincé qui, sans être nommé, fait le port de voix « simple » ou « double ». Pour lui, port de voix et pincé ne faisaient qu'un; sinon, les appellations des exemples suivants
eussent été : « Port de voix et pincé simple », « Port de voix
et pincé double » :

F. Couperin, *Pièces de clavecin*, 1713.

Illustrant ce même sous-entendu, J.-J. Rousseau donne
ces deux exemples du même ornement :

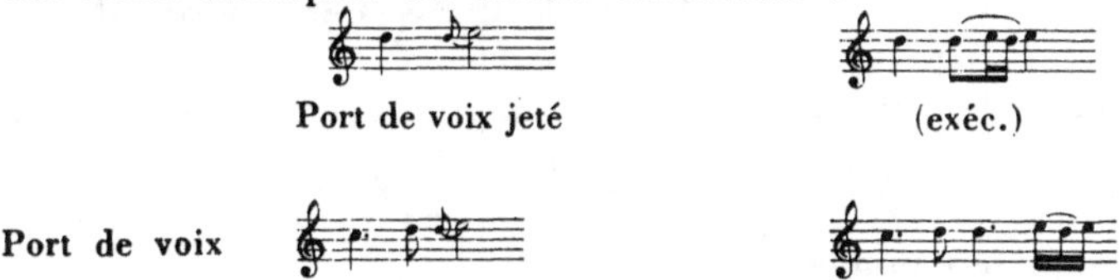

J.-J. Rousseau, *Dictionnaire de musique*, 1767.

Voir la citation de David, **page 72**, au sujet du « Port de
voix ».

3) LE « DOUBLÉ » OU « TOUR DE GOSIER »
DEUXIÈME ESPÈCE
(voir page 81, première espèce)

Ce doublé, commençant par la note réelle (en italien *circolomezzo*) revenait à cette note ou allait à la tierce supérieure ou inférieure :

Son signe habituel est le même que celui du « doublé » de la première espèce ∿. La période d'utilisation de ce signe, dans l'écriture, doit permettre, à défaut d'autre indication, de décider quel est celui des deux doublés en cause. Si le signe date du XVIIe siècle, il s'agit vraisemblablement du *circolomezzo*; au XVIIIe siècle au contraire, il représente le doublé commençant par l'appogiature. Pour la période de transition, on ne peut que se référer aux tables, et, en leur absence, à l'effet produit :

Exemples :

Notation   Exéc.

Chambonnières, *Pièces de clavecin*, 1670.

D'Anglebert, *Pièces de clavecin*, 1689.

Mais d'Anglebert donne également l'exemple suivant :

exéc.   où le signe prend déjà son nouveau sens.

Au XVIIIe siècle, le « circolomezzo » peut être indiqué au moyen d'une petite note précédant le signe habituel. Exemple :   exéc.

Marpurg, *Die Kunst das Klavier zu spielen*, 1750.

Il est écrit plus généralement en toutes notes :

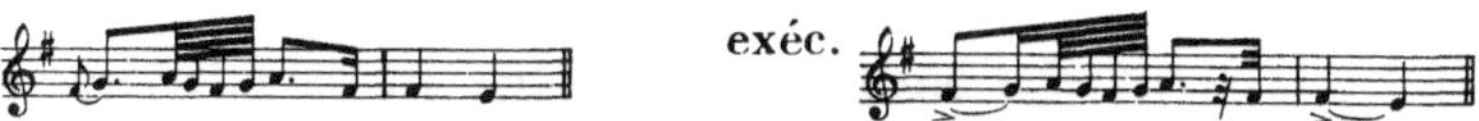

exéc.

J.-S. Bach, *Sarabande (Partita en mi mineur)*.

4) LE « DOUBLÉ » OU « TOUR DE GOSIER »

TROISIÈME ESPÈCE

Ce doublé dont le signe est placé après la note sert de lien entre cette note et la suivante. Exemples :

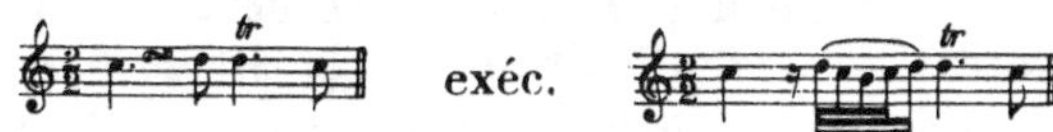

exéc.

G. Muffat, *Florigelium...*, 1695.

exéc

L'Affilard, *Principes très faciles*, 1717.

exéc.

F.-W. Marpurg, *Die Kunst das Klavier zu spielen*, 1750.

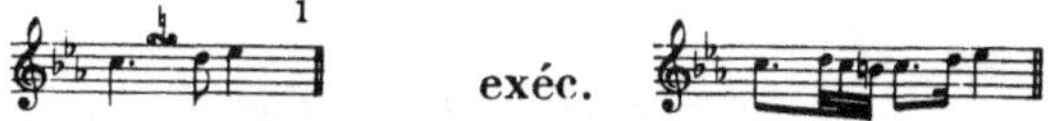

exéc.

C. P. E. Bach, *Versuch...,* Berlin, 1759.

Ce doublé se faisait parfois entre l'appogiature inférieure et sa note de résolution. Exemple :

exéc.

Quantz, *Versuch...*, 1752.

c'est-à-dire :

---

1. Quoique illogique, l'usage permettait de placer indifféremment l'altération, lorsqu'il n'y en avait qu'une, au-dessus ou au-dessous du signe.

5) « L'accent, « l'aspiration », « la plainte »...

« L'accent » se fait entre deux notes. Il est pris dans le temps de la première note qu'il hausse ou, parfois, abaisse d'un degré. Même sur une note de valeur longue, il doit être court. Au XVIIIe siècle, sa forme la plus usitée est la broderie supérieure :

L'accent... consiste en un coup de gosier qui élève le son d'un degré pour reprendre à l'instant sur la note suivante le même son d'où l'on est parti : exéc.

Agrément qui se notait autrefois avec la musique, mais que les maîtres de Goût-du-Chant marquent aujourd'hui seulement avec du crayon jusqu'à ce que les écoliers sachent le placer d'eux-mêmes.

J.-J. Rousseau, Dictionnaire de musique, 1767.

Exemples :

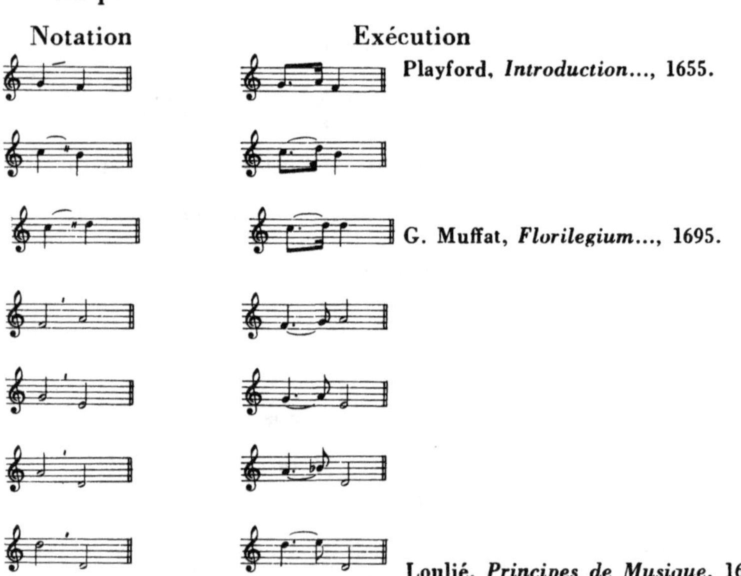

Notation   Exécution

Playford, *Introduction...*, 1655.

G. Muffat, *Florilegium...*, 1695.

Loulié, *Principes de Musique*, 1696.

F. Couperin, *Pièces de clavecin*, 1713.

L'Affilard, *Principes...*, 1717.

Marpurg, *Principes de clavecin*, 1756.

Dans ce dernier exemple, la plique de la petite note est inversée, afin qu'on ne puisse confondre celle-ci avec une petite note d'appogiature, laquelle, au contraire de l'accent, emprunte sa valeur à la note qui lui succède.

L'exécution de l'accent demande une subtilité particulière :

L'accent plaintif se fait en haussant un peu la note à la fin de sa prononciation, et en lui donnant une petite pointe qui passe si vite qu'il est assez difficile de l'apercevoir; mais il la faut seulement hausser d'un demi-ton[1] qui consiste dans un petit effort de la voix...

Mersenne, *Harmonie universelle*, 1636.

Formes irrégulières de « l'accent » ou « plainte »...

Exemple :  exéc. 

Marpurg, *Principes de clavecin*, 1756.

Pour Léopold Mozart (*Méthode de violon*, 1756) :

L'aspiration est une note que l'on ajoute entre une note principale et un coulé[2]; la note ajoutée peut être une seconde

---

1. Les exemples précédents prouvent qu'elle fut couramment haussée d'un ton par la suite.
2. Appogiature supérieure.

*ou une tierce, etc., plus haute ou plus basse que la note qui
la précède, excepté la septième et de plus grands intervalles.
On s'en sert pour changer le port de voix en coulé*[1].

Exemple :

Les simples notes : 

Avec le port de voix : 

Avec le coulé préparé par l'aspiration :

Exemple sans l'aspiration :

Avec l'aspiration dans la sixte :

L'aspiration en descendant n'est qu'un renversement de
celle en montant, on s'en sert pour réunir l'expression de la
note qui la précède avec celle qui la suit :

Exemple :

comme on
peut le jouer : 

*On tombe aussi sur la note la plus proche au-dessus du
coulé, ou à l'unisson du coulé pour préparer la dissonance.*

---

1. C'est-à-dire l'appogiature inférieure en appogiature supérieure.

Exemple sans l'aspiration :

Ici l'aspiration se fait sur la note la plus proche au-dessus du coulé :

Ici on tombe à l'unisson du coulé :

Basse :

L'aspiration à l'unisson du coulé peut toujours se faire; mais il n'en est pas de même de celle sur la note la plus proche au-dessus du coulé. Cela dépend de la note fondamentale.

Exemple :

C) L'AGRÉMENT PRÉCÈDE L'ATTAQUE DE LA NOTE RÉELLE

1) L'APPOGIATURE PASSAGÈRE

Bien qu'utilisant la même figuration que les autres apogiatures, l'appogiature passagère se fait dans le temps qui *précède* celui de la note à laquelle elle est liée. Exemple :

Notation :   Exécution :

Dans sa *Méthode de Flûte*, Quantz dit :

L'appogiature passagère s'utilise en particulier lorsque plusieurs notes de même valeur descendent par sauts de tierces :

 (exéc.) 

Il faut tenir les points et donner un coup de langue sur les

*notes où commence la liaison, c'est-à-dire sur la seconde, la
quatrième et la sixième note. Il ne faut pas confondre ces
appogiatures passagères avec les notes pointées de deux en
deux de l'exemple suivant :*

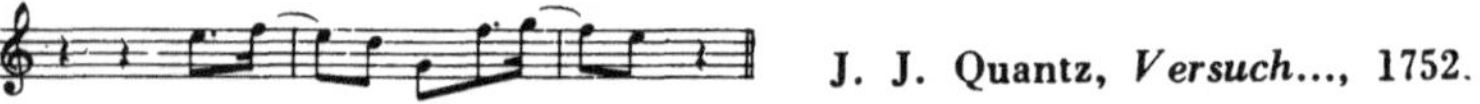

*ici, la seconde, la quatrième note,
etc., se jouent sur les temps de la mesure comme des disso-
nances contre la basse, aussi les joue-t-on avec hardiesse et
vivacité. Au contraire, les appogiatures passagères dont il
s'agit demandent une expression gracieuse. Si... prenant les
appogiatures passagères pour des appogiatures longues, on
allongeait les petites notes suivantes* 

*cela changerait tout à fait l'expression mélodique et donne-
rait :* *qui serait tout opposé à
la manière française d'où viennent ces agréments, et contraire
à la pensée de leurs inventeurs qui ont obtenu à cet égard un
applaudissement général.*

*On rencontre souvent deux appogiatures devant une même
note, la première étant figurée par une petite note, et la
seconde par une note ordinaire :*
*La petite note doit être comptée dans le temps de la note pré
cédente et s'exécuter d'un petit coup de langue :*

J. J. Quantz, *Versuch...*, 1752.

Pour éviter la confusion possible dont parle Quantz, Marpurg imagina, comme pour « l'accent », de retourner la plique
de la petite note de l'appogiature passagère, afin d'indiquer
que celle-ci tire sa valeur de la note qui la précède. Exemple :

Notation   Exécution

Marpurg, *Principes de clavecin*, 1756.

Un des rares signes désignant plus particulièrement l'appogiature passagère est le demi-cercle utilisé dans la musique vocale française. Exemple :

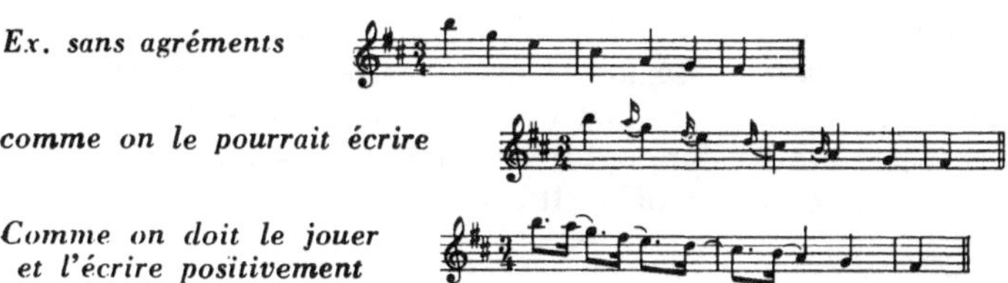

L'Affilard, *Principes très faciles...*, 1717.

Pour Léopold Mozart, l'appogiature passagère ne nécessite pas d'indication :

Les coulés et les ports de voix[1] *sont des agréments essentiels que l'auteur doit indiquer, si toutefois il veut se promettre un bon succès de sa composition. Nous venons maintenant aux coulés et aux ports de voix*[2] *où le fort vient sur la note principale du chant, et que le compositeur indique rarement ou point du tout. Ce sont par conséquent des agréments arbitraires qu'un joueur de violon doit savoir employer selon son propre jugement, aux endroits convenables.*

Les premiers sont des coulés qui n'appartiennent pas à la note principale sur laquelle ils tombent, mais qui doivent être joués dans le temps ou la durée de la note précédente. Ils s'emploient ordinairement dans une suite de notes qui se succèdent par intervalles d'une tierce et par degrés conjoints en descendant :

La double-croche doit être passée doucement et légèrement et la croche avec le point, très fort

1. Appogiatures supérieures et inférieures.
2. *Ibid.*

Sans agréments

manière d'indiquer l'expression

Comme on doit le jouer et l'écrire
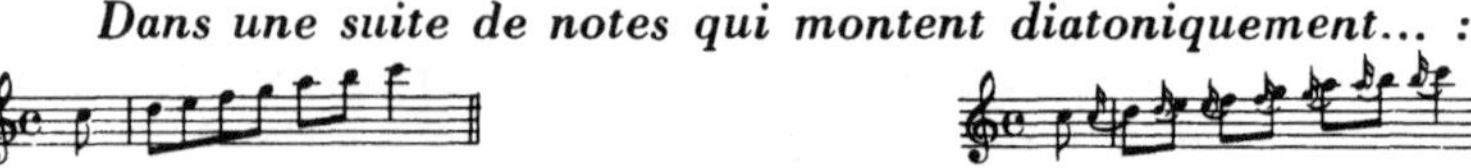

On peut les employer également, dit Léopold Mozart :

Dans une suite de notes qui montent diatoniquement... :

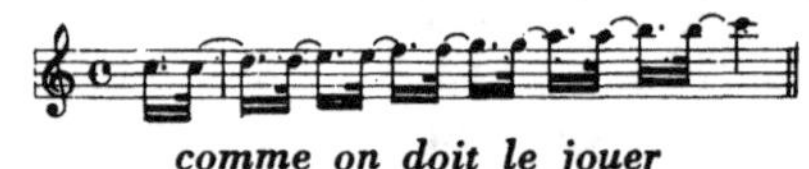

sans agréments · *comme on le pourrait écrire*

comme on doit le jouer

Léopold Mozart, *Méthode de violon*, 1756.

C.P.E. Bach, seul, ne voulut jamais admettre l'appogiature passagère, c'est-à-dire ce terme, et cette figuration identique à celle des autres appogiatures. Toute appogiature, pour lui, se devait jouer sur le temps. L'appogiature passagère n'en continua pas moins d'exister jusque parmi ses élèves et ses plus grands admirateurs. « *L'école de toutes les écoles* », disait Haydn du *Versuch...* Mozart, élevé à cette école, et l'on sait le respect qu'il portait à Carl-Philippe-Emmanuel Bach, n'en employait pas moins l'appogiature passagère, selon les instructions de son père (voir page 107 ci-dessus).

Exemple : 

Sonate en si ♭ majeur pour quatre mains.

Emy de l'Ilette, en 1810, en donne l'illustration suivante :

notation 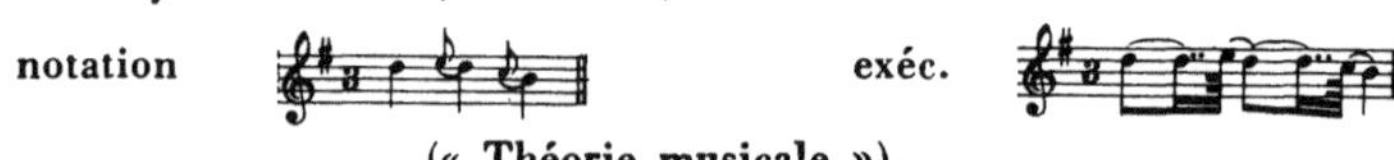 exéc.

(« **Théorie musicale** »).

2) Le « Flatté », la « Tierce coulée »

commencent en principe sur le temps (voir page 79) ; cependant, ils peuvent également figurer ici ; certains auteurs les
voulaient en effet anticipant sur le temps de la note ornée.
Exemple :

notation  exéc.

L'Affilard, *Principes très faciles...*, 1717.

*Le Flatté fait partie des agréments arbitraires, dit Léo-
pold Mozart. Il consiste en deux petites notes que l'on emploie
entre le coulé[1] et la note principale du chant. On le fait en
descendant de la tierce supérieure à cette note :*

*Si l'on veut rendre ce passage avec plus de goût et de vivacité,
il faut marquer la première note de chaque temps, et couler
les autres doucement en prenant chaque temps d'un seul
coup d'archet :*
Exemple :

1. Appogiature supérieure.
2. Indication d'archet : tiré-poussé.

Le flatté consiste aussi dans un port de voix[2] de deux notes
par degrés successifs, et on le fait en montant de la tierce
inférieure à la note principale du chant :

Exemple sans ornement :

*Ici les ports de voix sont
écrits en notes ordinaires :*

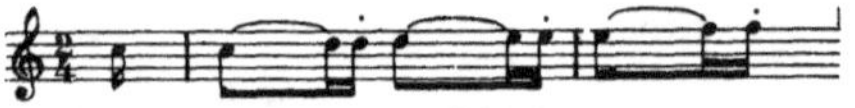

*Ici le flatté en montant est
employé :*

Comme on doit le jouer :

*Pour l'exprimer avec plus
de goût et de feu :*

Léopold Mozart, *Méthode de violon*, 1756.

2. **Appogiature inférieure.**

III

TEMPO

NOTATION CHRONOMÉTRIQUE

Au Moyen Age les figures de notes représentaient des unités de temps. L'écriture déterminait ainsi d'elle-même le *tempo*. A l'époque de Pérotin (début du XIIIe siècle), par exemple, la note dite « longue parfaite » valait un battement de notre métronome à 80[1]. L'inconvénient d'un tel système était son instabilité, conséquence des fluctuations de style et d'écriture et notamment la tendance constante de celle-ci à utiliser de nouvelles valeurs brèves : subdivisions des valeurs les plus brèves de l'époque précédente; comme si les musiciens se fussent toujours crus capables d'exécuter plus de notes à la seconde que leurs prédécesseurs[2]. Ainsi les valeurs les plus longues se trouvaient-elles reléguées tour à tour au bénéfice des valeurs immédiatement inférieures. C'est ainsi que la semi-brève, réservée autrefois aux traits les plus rapides, a fini par représenter la valeur la plus longue généralement utilisée : notre ronde actuelle. Une idée de *tempo* s'attache encore aujourd'hui à la valeur des notes utilisées. Telle pièce notée à 3/2 suggère à priori un tout autre mouvement lorsqu'elle l'est à 3/8. La réduction des valeurs des notes dans

1. D'après H. Besseler.
2. Des musiciens de son temps, Mersenne écrivait : *Il faut remarquer qu'ils font durer une mesure plus ou moins comme ils veulent... Je suppose qu'une mesure dure une seconde... et dis qu'il n'y a point de main si vite qui puisse toucher plus de seize notes ou doubles croches dans le temps d'une seconde... et conséquemment que ceux qui font trente-deux notes à la mesure emploient deux secondes dans la mesure et que ceux qui en font soixante-quatre font la mesure de quatre secondes ou de quatre battements de pouls, ce que j'ai observé dans l'expérience des meilleurs joueurs de viole et d'épinette* (Harmonie Universelle, « Traité des instruments à cordes », Paris, 1636).

les éditions actuelles de certaines pages anciennes est donc justifiée. Cette conversion peut se faire à la moitié, au quart, ou plus selon que la musique est plus ancienne et contribue à redonner aux œuvres, à nos yeux, leur physionomie originelle [1]. Malgré cela, et du fait que ce travail n'est le plus souvent effectué que dans des cas extrêmes et d'une manière insuffisante, une tendance persiste à imaginer nos ancêtres musiciens comme des gens compassés, de tempérament lymphatique, généralement ennuyeux, et, sinon maladroits, du moins inaptes à toute réelle virtuosité. Les observations de Mersenne (voir plus haut) relatives au jeu de ses contemporains, font état cependant d'assez remarquables performances en ce qui concerne la légèreté de la main, et les seize notes dans une seconde (en admettant toutefois qu'il s'agisse d'une véritable seconde et non d'un battement du pouls, plus rapide encore) représentent les triples croches d'un mouvement $\quad \bullet = 120$.

LE PENDULE

Si Mersenne se base sur la seconde dans cet exemple, il n'ignore pourtant pas le pendule dont il parle ailleurs, mais l'usage de celui-ci ne devait se répandre parmi les musiciens que vers la fin du XVIIe siècle [2]. Le pendule est l'un des moyens qui nous donnent avec précision les *tempi* de la musique avant l'invention du métronome [3].

Si les grands compositeurs en négligèrent l'emploi, il existe pourtant suffisamment d'exemples types pour que se puissent déterminer par analogie la plupart des mouvements de la musique des XVIIe et XVIIIe siècles.

1. Les malentendus sur les *tempi* du passé ne sont donc pas particuliers à notre époque; de tous temps, les « reprises » des œuvres anciennes subirent presque fatalement un ralentissement du fait de l'écriture, et l'on sait que les hommes âgés du temps de Rameau disaient des opéras de Lully qu'ils duraient alors moitié plus longtemps que dans leur jeunesse.
2. Loulié décrit l'échelle graduée de son invention sur laquelle il réglait la longueur du pendule (*Éléments ou principes de Musique*, Paris, 1696).
3. Le brevet du métronome, inventé par le Hollandais Winkel, fut pris par Maelzel en 1816.

112

MINUTAGES, ETC.

Les autres moyens qui permettent de connaître les *tempi* d'exécution de la musique avant Maelzel sont : les minutages d'époque, les références aux battements du pouls, dont le nombre à la minute pouvait être fixé, les horloges musicales ou boîtes à musique à mouvement automatique, les orgues à cylindre (« Instruments de concerts méchaniques »), ainsi que les ouvrages traitant de la fabrication de ceux-ci.

Indépendamment de ces données précises, voici quelques-uns des principes généraux relatifs aux mouvements. On y voit que les signes de mesure, de même que la valeur des notes employées, jouaient un grand rôle dans les *tempi* :

... la mesure ainsi marquée 2,   se donnant à deux temps, il est clair qu'ordinairement elle va de la moitié plus vite que celle-ci C, qui se donne en quatre. Cela supposé, cette mesure 2, doit être fort lente aux Ouvertures, Préludes, et Symphonies; un peu plus gaie aux ballets, et au reste à mon avis, presque toujours plus modérée que celle-ci ¢ , qui pour les Gavottes se doit moins presser que pour les Bourrées. Cependant, lorsque cette mesure 2 se donne fort lentement et (comme a été dit) à deux temps, les notes sont à peu près de la même valeur que chez les Italiens sous cette mesure C à quatre temps, donnée avec vitesse sous le mot de Presto... Pour les autres mesures, celle-ci 3/2 exige un mouvement fort lent, cette autre 3/4 le veut moins lent mais pourtant un peu grave aux Sarabandes et aux Airs, puis plus gai aux Rondeaux, mais enfin le plus gaiement que sans précipitation faire se pourra aux Courantes, Menuets et plusieurs autres pièces, comme aussi aux fugues des Ouvertures. Finalement pour les Gigues et Canaries, de quelque manière qu'on en marque la mesure, il les faut jouer extrêmement vite.

Muffat, *Florilegium Primum*, 1695.

Muffat recommande :

... de bien connaître le vrai mouvement de chaque pièce... l'ayant connu, de le savoir garder si longtemps que l'on joue la même pièce, toujours dans une même égalité, sans altération de retardement ni de précipitation... Pour mieux connaître le vrai mouvement de chaque pièce, outre un fréquent exercice avec les Lullistes, je trouve que la connaissance de l'art de la danse est d'un grand secours, laquelle la plupart des meilleurs violons de France entendent fort bien. Ce n'est pas merveille qu'ils savent si bien trouver et conserver le mouvement de la mesure... savoir garder exactement l'égalité si longtemps que la même pièce se joue, c'est ce que chacun n'entend pas, car l'on y manque souvent en tout ou en partie. En tout, lorsque toute la pièce se joue plus lentement ou plus vite une fois que l'autre; en partie, quand on retarde ou presse quelque mesure ou quelque note, l'une plus que l'autre.

... Il faut prendre garde à ne pas s'arrêter aux cadences plus ou moins que la valeur des notes n'exige... les dernières mesures ne se pressent pas plus que les premières, mais au contraire, il vaut toujours mieux de pencher à retenir, qu'à précipiter la mesure.

Muffat, Florilegium, 1698.

A des musiciens jouant constamment des airs de ballet, ces recommandations étaient primordiales, mais cette même inflexibilité du *tempo* était de rigueur pour l'ensemble de la musique à écriture mesurée [1]. Les exceptions comprennent en particulier la Fantaisie, l'ancienne Toccata, le Madrigal du type Renaissance [2] et le Récitatif.

---

1. *Ceux qui auront peine à faire certains tremblements, où ils se rencontreront trop difficiles à toucher, pourront les passer, ne désirant pas que les mains soient contraintes en aucune manière, mais plutôt que les mouvements soient observés fort exactement* (Lebègue, *Premier Livre d'Orgue*, Préface, Paris, 1676).

2. Frescobaldi écrit à propos des *Toccate*, dont le style, dit-il, se passe de mesure : *Nous voyons faire de même dans les madrigaux d'aujourd'hui, lesquels malgré leurs difficultés, se chantent aisément grâce aux*

Quant à l'écriture non mesurée, elle est représentée notamment par le Prélude de clavecin du XVIIe siècle, qui se notait le plus souvent en rondes sans barres de mesure (voir page 123).

Quantz donne les règles ci-après [1], auxquelles il ajoute des précisions métronomiques en se référant aux battements du pouls considéré comme battant quatre-vingts fois par minute. Il classe tout d'abord les indications de *tempi* en quatre catégories principales, représentées respectivement par l'Allegro assai, l'Allegretto, l'Adagio cantabile et l'Adagio assai, dont les temps valent de l'un à l'autre comme du simple au double. Les valeurs les plus brèves de l'Allegro assai, dit-il, sont normalement les doubles croches et les triolets de croches. Celles de l'Allegretto sont les triples croches et les triolets de doubles croches, mais comme ces valeurs les plus brèves (doubles ou triples croches) doivent être jouées la plupart du temps à la même allure, il en résulte que la même espèce de note va deux fois plus vite dans l'Allegro assai que dans l'Allegretto, dans l'Allabreve que dans la mesure pleine (c) , que le *tempo* soit vif ou lent; ce qui revient à dire, par exemple, que les croches d'une mesure à ¢ valent, dans un même *tempo*, les doubles croches d'une mesure à quatre temps (c) . On peut par la notation reconnaître également dans les autres mesures l'Allegro assai de l'Allegro modéré ou Allegretto. C'est ainsi que dans l'Allegro assai, le 3/4, le 6/8 et le 12/8 utilisent des croches, le 3/8 des doubles croches, et que dans l'Allegro modéré, deux fois moins rapide, les mesures 3/4, 6/8 et 12/8 comportent des doubles croches et le 3/8 des triples croches. Le principe est identique dans les mouvements lents (Adagios), compte tenu des indications subsidiaires possibles et du signe de mesure c ou ¢ , comme il a été dit plus haut.

Traduits en mouvements métronomiques, les *tempi* donnés par Quantz sont :

variations de la mesure, battue tantôt lentement, tantôt vite et parfois suspendue selon l'expression de la musique ou le sens des paroles (Frescobaldi, *Toccate*, Ier volume, Rome, 1614.
1. *Versuch...*, Berlin, 1752.

Mesure c :

Allegro assai	♩ =	160
Moderato ou poco allegro ou vivace	♩ =	120
Allegretto	♩ =	80
Adagio cantabile	♪ =	80
Adagio assai	♪ =	40

Mesure ¢ :

Allegro assai	𝅗𝅥 =	160
Allegretto	𝅗𝅥 =	80
Adagio cantabile	♩ =	80
Adagio assai	♩ =	40

Mesure 3/4 :

Presto	𝅗𝅥. =	100
Allegro molto (sans doubles croches [1])	𝅗𝅥. =	80
Allegro (avec doubles croches [2])	♩ =	160
Adagio cantabile (dont la basse est en noires)	♩ =	80
Adagio cantabile (dont la basse est en croches)	♩ =	40
Adagio assai	♩ =	40
Mesto	♩ =	40
Lento	♩ =	40

---

1. Il s'agit, bien entendu, des doubles croches systématiquement utilisées.
2. *Ibid.*

Mesure 6/8 :

Allegro ♩· = 160

Mesure 12/8 :

Allegro (sans doubles croches[1]) ♩· = 160

Alla siciliana ♩· = 53

Mesure 9/8 :

Allegro ♩· = 100

Mesure 4/8 :

Allegro ♩ = 160

Mesure 3/8 :

Presto ♩· = 100

Allegro molto ♩· = 80

Arioso ♪ = 80

L'Andante à 3/8 peut se jouer avec plus de « sérieux » et plus d'agréments que l'Arioso.

En ce qui concerne la musique de ballet, voici quelques-uns des conseils de Quantz :

Il y a bien souvent des disputes entre les danseurs et l'orchestre, parce que ceux-ci trouvent que les musiciens ne jouent pas dans le juste mouvement... Il serait trop long de décrire tous les caractères qui peuvent se rencontrer dans la danse et d'en indiquer tous les mouvements. Je ne parlerai donc que de quelques-uns d'entre eux par lesquels on pourra se faire une idée du reste[2]... Les Français se servent du ¢

1. *Ibid.*
2. Faute d'illustrations musicales, chacune de ces indications peut être considérée comme une moyenne, établie d'après le type le plus courant de chaque danse à l'époque (1750).

pour différentes danses, telles les Bourrées, Rigaudons, Ga-
vottes, Rondeaux, etc... cependant ils l'indiquent souvent par
le moyen d'un grand 2. Ainsi que dans le ¢ *, les notes d'une*
même valeur y vont deux fois plus vite que dans la mesure à
quatre temps (C) .

    — L'Entrée, la Loure et la Courante *sont exécutées ma-*
iestueusement, et l'archet est détaché après chaque noire,
qu'elle soit surmontée d'un point ou non[1].　　♩ = 80

    1. L'ancienne Courante française se notait à 3/2, elle comportait des blanches, des noires et des croches. En Italie et en Allemagne, la Courante s'écrivait surtout à 3/4 (plus rarement à 3/2 ou à 3/8), et il y a lieu d'examiner si les trois noires de la Courante allemande ou italienne correspondent bien aux trois blanches de la mesure française, ou si cette mesure a été scindée en deux parties. Dans le premier cas, comportant noires, croches et doubles croches, le mouvement ♩ = 80 est bien celui qu'a voulu Quantz, mais, dans le second, il faut entendre ♩ = 160 (♪ = 160 dans le 3/8).

    Voici deux exemples de courantes à mesures scindées précédées de modèles français à 3/2 :

Exemples 1 :

Chambonnières, *Pièces de clavecin.*

Hændel. *Suite n⁰ 4.*

Exemples 2 :

Louis Couperin, *Pièces de clavecin.*

J.-S. Bach, *Noten Büchlein fur Anna*
Magdalena Bach.

118

— La Sarabande *se joue dans le même mouvement, mais avec une expression un peu plus agréable :* ♩ = 80

— La Chaconne[1] *se joue, elle aussi, majestueusement :*

♩ = 160

— La Passacaille, *un peu plus vite que la Chaconne[2].*

— La Musette *demande une expression fort tendre :*

A 3/4............ ♩ = 80

A 3/8............ ♪ = 80

— La Furie *s'exécute avec beaucoup de feu :* ♩ = 160 *dans la mesure C aussi bien que dans la mesure à 3/4 lorsque cette dernière comporte des doubles croches.*

— Le Rigaudon et la Bourrée *s'exécutent avec gaieté et d'un coup d'archet court et léger :* chaque mesure = 80

— La Gavotte *est presque semblable au Rigaudon, elle a cependant un mouvement plus modéré.*

— Le Rondeau *se joue avec une certaine tranquillité :*

à ¢ .... 𝅝 = 76

à 3/4......... ♩ = 152

— La Gigue et la Canarie *se jouent dans un même mouvement :*

à 6/8.......... ♩. = 160

La Gigue se joue d'un coup d'archet court et léger, mais dans la Canarie, dont les notes sont toujours piquées, le coup d'archet se fait plus incisif.

1. On y *passe du majeur au mineur... du grave au gai ou du tendre au vif, sans presser ni ralentir jamais la mesure* (J.-J. Rousseau, *Dictionnaire de Musique,* 1767).

2. C'était le contraire au début du siècle :

La Passacaille *se bat lentement à trois temps égaux... La Chaconne de même, mais plus légèrement* (L'Affilard, *Principes très faciles...,* 1717).

— Le Menuet *doit se jouer d'une manière qui transporte le danseur et le soulève de terre, pour ainsi dire. On y marque les noires d'un coup d'archet assez pesant, quoique court :*

$$\text{♩.} = 54$$

— Le Passepied *se joue un peu plus légèrement et un peu plus rapidement que le Menuet.*

— Le Tambourin *se joue comme la Bourrée ou le Rigaudon* (80 à la mesure) *quoique un peu plus rapidement.*

— La Marche *se joue avec sérieux :* à c . . . . $\text{♩} = 80$

à ¢ ou 2 . . . . . . $\text{♩} = 80$

J. J. Quantz, Versuch..., 1752.

Jusque vers la fin du XVIIe siècle, les auteurs purent s'en remettre aux exécutants du soin de décider du *tempo*, notamment pour la musique d'orgue et de clavier en général. Titelouze, par exemple, se borne à signaler que la mesure c doit être jouée deux fois plus lentement que la mesure ¢. (*Hymnes de l'Église*, 1623, Préface). Frescobaldi (*Fiori Musicali*, 1635, « *Al Lettore* » dit que le début de toutes les *toccate*, même écrit en croches, peut se jouer adagio [1], qu'il faut jouer de même adagio tout passage expressif ou orné, et que, par contre, les passages écrits en croches, note contre note, doivent être joués plutôt allegro, encore, dit-il, que les *toccate* se jouent à volonté et *secundo el gusto del sonatore* (selon le goût de l'exécutant). Mais, lorsqu'il s'agit de pièce à exécution mesurée, il est rarement plus précis et observe la même réserve, le même respect à l'égard de l'interprète. Sa remarque sur les *tempi* des *Kyrie* est caractéristique : « *Pour les Kyrie, certains se pourront exécuter rapidement, et d'autres lentement, selon le jugement de celui qui les jouera* (Frescobaldi, *ibid.*). »

François Roberday (*Fugues et Caprices à quatre parties*, 1660) termine ainsi son *Advertissement* : « ... *il ne me reste plus qu'à vous dire que les Caprices se doivent, quant à la mesure, jouer à discrétion et fort lentement* [1] *quoiqu'ils soient notés par des croches et doubles croches.* »

---

1. Dans son sens primitif : *ad agio* : à l'aise.

120

Nicolas Lebègue (*Livre d'orgue*, 1676), selon les nouvelles tendances, ne s'adresse plus à l'homme de l'art :

Mon dessein, dans cet ouvrage, est de donner au public quelque connaissance de la manière que l'on touche l'orgue présentement à Paris... Je souhaiterais fort que tous ceux qui me feront l'honneur de toucher ces pièces voulussent les jouer selon mon intention... avec le mouvement propre pour chaque pièce...

Le Prélude[2] et Plein jeu *se doit toucher gravement...*
Le Plein jeu du Positif, *légèrement.*
Le Duo *fort hardiment et légèrement.*
Le dessus de Cromorne *doucement et agréablement en imitant la manière de chanter...*
Le Cornet *fort hardiment et gaiement...*
La Basse de Trompette *hardiment...*
La Voix humaine *un peu lentement en imitant aussi la manière de chanter...*
L'Écho *hardiment et vitement...*
La Tierce ou Cromorne en Taille *gravement...*

Ceux qui auront peine à faire certains tremblements où ils se rencontreront trop difficiles à toucher, pourront les passer, ne désirant pas que les mains soient contraintes en aucune

1. Revoir page 113 la définition du « fort lentement » de Muffat, contemporain de Roberday, pour la mesure 2 ou ¢, comparée au *presto* des Italiens en mesure C. Dans la recherche approximative des *tempi*, il ne faut pas perdre de vue que les épithètes anciennes s'appliquent toujours à la battue réelle de la mesure non décomposée, parfois au contraire simplifiée : un seul temps pour la mesure à trois temps rapide, que l'on appelait battue « à deux temps inégaux ».
En Italie, les musiciens d'orchestre battaient la mesure du bout du pied. Ils simplifiaient la mesure à quatre temps, par exemple, et n'en battaient que deux. Mais au lieu de diviser celle-ci par moitié, en frappant le premier et le troisième temps, ils n'en marquaient que les deux premiers, comme si les troisième et quatrième étaient des levés. Ce procédé ne put manquer d'imprimer un caractère particulier à la musique ainsi battue.
2. Il y a lieu de distinguer le Prélude mesuré dont il est ici question du Prélude non mesuré, voir page 123.

*manière, mais plutôt que les mouvements soient observés fort
exactement.*

André Raison (*Livre d'orgue*, 1688) donne également de
nombreuses indications de mouvement, auxquelles il ajoute
des précisions sur le jeu :

*Comme il faut donner le mouvement et l'air à toutes les
pièces :*
Le grand Plein jeu *se touche fort lentement; il faut lier
les accords les uns aux autres, ne point lever un doigt que l'autre ne baisse en même temps* [1] *et que la dernière mesure soit
toujours fort longue.*
Le petit plein jeu *se touche légèrement et le bien couler.*
Le Duo *se joue vite, un jeu libre et net, et le pointer
quand il est en croches* [2].

Le Récit de Cromorne ou de Tierce *se touche fort tendrement, tenir les cadences du mode longues, surtout la finale.*
Le Cornet *se touche vite; le bien animer et le bien couler,
et faire les cadences du mode longues, particulièrement la
finale.*
La Basse de Trompette, de Cromorne ou de Tierce *se touche hardiment et nettement; il faut beaucoup les animer.*

Citons encore J. Boyvin (*Second Livre d'orgue.* 1700) :

... Il faut toucher les Fugues lentement.
Les Duos *veulent du mouvement et de la gaieté.*
Les Tierces, Cromornes en Taille et tous les Récits, *beau-
coup de tendre en imitant la voix.*

Les Basses de Trompette et Cromorne, *une exécution nette
et hardie.*
Dans les Dialogues, *de la hardiesse et de l'exécution.*

---

1. Indication utile par son caractère d'exception.
2. Jouer les croches, *inégales.*

Le Prélude non mesuré :

Au luth et au clavecin notamment, le Prélude non mesuré, en honneur au XVIIe siècle, correspond en France à la Toccata italienne. Une notation spéciale en rondes le différencie à première vue de celle-ci; mais dans son exécution, il demande le même caractère d'improvisation, la même vie. Exemple :

Froberger, 1620-1667, *Toccata en* la *mineur* (IIe livre).

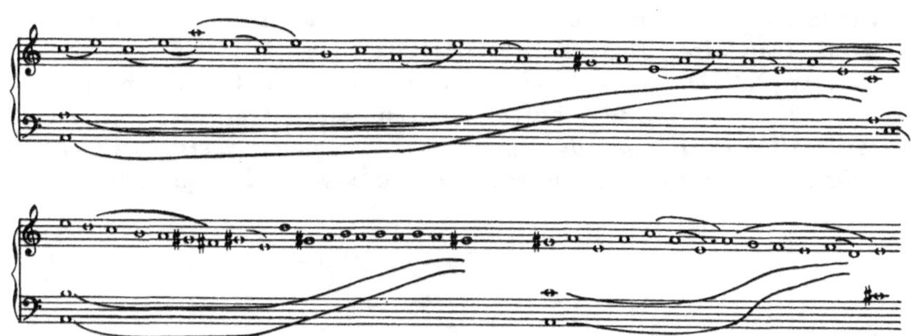

Louis Couperin, *Sixième prélude* (1626-1661).

Les courbes allongées sont des tenues, chaque liaison implique une prolongation de la première note par rapport aux suivantes, soit, approximativement :

Le Récitatif à la française :

Plus qu'on ne semble le soupçonner de nos jours, les « récits » de la musique vocale se chantaient dans un autre mouvement et un tout autre esprit que les *Airs*[1]. Bien que nécessairement « mesurés » lorsqu'ils étaient accompagnés par l'orchestre, ces récitatifs n'en étaient pas moins conçus pour donner la même impression d'émancipation de la mesure que le récitatif libre, d'où les constants changements de mesure, caractéristiques du style français, qui permettaient un naturel incomparable; et la musique, loin d'avoir à s'effacer, comme dans le *recitativo secco*, pouvait mettre au contraire toutes ses ressources au service de la prosodie[2]. Cette manière française était « *vive sans être bizarre* », dit Lecerf de la Viéville à propos de ce que Lully exigeait de ses interprètes pour les récitatifs (*Comparaison de la musique italienne et de la musique française*, Bruxelles, 1704-1705).

Au XVIIIe siècle, Telemann répondait à Graun, hostile aux changements de mesure de la manière française : « *Es laüft alles nach einander fort, wie Champagnerwein.* » (*Tout cela court, tout cela se presse et coule comme du champagne*).

1. La musique d'opéra, en particulier, sombre dans la monotonie si l'auditeur ne discerne pas immédiatement cette différence.

2. *Mesuré : ce mot répond à l'italien « a tempo » ou « a batuta » et s'emploie, sortant d'un récitatif, pour marquer le lieu où l'on doit commencer à chanter en mesure* (J.-J. Rousseau, *Dictionnaire de Musique*, Paris, 1775).

Le mot « Mesuré » impliquait en même temps le retour des conventions rythmiques habituelles (l'inégalité des valeurs les plus brèves, entre autres) si bien qu'il s'employait parfois pour signifier ces conventions elles-mêmes.

Lorsque Titelouze veut s'assurer que les exécutants de ses pièces n'ometteront pas d'appliquer celles-ci, non plus que d'y introduire les agréments courants, il le fait en ces termes :

La mesure et les accents sont recommandables tant aux voix qu'aux instruments (Titelouze, *Hymnes de l'Église*, 1623).

124

EXEMPLES ILLUSTRÉS

TRAITÉS OU MÉTHODES [1]
SE RÉFÉRANT AU PENDULE

a) Exemples donnés par les théoriciens eux-mêmes

1. S'ajoutant aux mouvements donnés par les maîtres de musique, les anciens traités de chorégraphie donnent des précisions utiles pour retrouver le caractère des danses du point de vue musical. Exemples :

Dans les airs à deux temps et à trois temps, on met un pas pour chaque mesure et dans la mesure à quatre temps, on en met deux. Je remarque néanmoins que ceux qui ont fait la Courante ont mis deux pas pour chaque mesure, dont le premier occupe les deux premiers temps de la mesure, et le deuxième pas n'occupe que le troisième temps; et au Menuet, ils n'en ont mis qu'un pour deux mesures (Bacquoy-Guédon, Méthode pour exercer l'oreille à la mesure dans l'art de la danse, 17, Bibl. de l'Opéra).

2. A quatre temps : ♪ = 120.

1. Au-dessus : la même gaillarde à trois temps.

126

1. *On sera peut-être surpris de voir que j'applique le Menuet à cette sorte de mesure, tandis que le Menuet n'a jamais été noté que sous la mesure marquée 3, qui est le triple simple...*

N'en déplaise à l'usage généralement suivi jusqu'à aujourd'hui, je crois qu'il vaut mieux appliquer cette mesure 6/4 au Menuet que celle du triple simple; car, le pas de Menuet absorbant deux mesures à trois temps simples, puisque les Maîtres à danser font battre le Menuet à deux temps, dont chacun emporte une mesure triple simple par chaque pas, il serait beaucoup mieux de se réunir sur ce point avec eux, et surtout s'agissant d'une pièce de Symphonie qui est plus de leur talent que de celui des musiciens.

La mesure à trois temps simple est d'ailleurs si pressée pour le vrai mouvement du Menuet que la main n'a pas tout le temps nécessaire

Musette (en rondeau)

*pour marquer chaque temps suivant le triangle que forme cette sorte
de mesure, de sorte qu'en battant le Menuet à la mesure 6/4, on sauve-
rait tous ces inconvénients, et l'on trouverait le vrai mouvement du
Menuet par le moyen du pendule... (22 pouces) (Choquel, La Musique
rendue sensible par la mécanique, Paris, 1762).*

*... Dans le Menuet nous ne faisons marquer que les mesures, et cela
de deux en deux... il faut frapper fort au majeur et doucement au mineur,
sans cependant ralentir le mouvement (Bacquoy-Guédon, Méthode pour
exercer l'oreille à la mesure dans l'Art de la danse. Paris. 17..).*

128

Pavane

Rigaudon

**Rigaudon
(de Provence)**

Sarabande

**Sarabande
(en rondeau)**

Sarabande

Tambourin

IV
PAGES D'AUTEURS CÉLÈBRES
LULLY

Fêtes d'Amour et Bacchus, 1672

Songes
funestes II
Onzembray
Allons, allons
accourez
Acte I, sc. 2
Sauveur
Démons
Psyché, 1678
Onzembray
Proserpine, 1680
Démons
Persée, 1682
Passacaille
(Acte IV)
Divinités de
la terre
Phaéton, 1683
Bourrée

Le Printemps
Onzembray
Hélas! une chaîne...
Choquel
Gigue
Amadis, 1684
Onzembray
Gavotte
Roland, 1685
»
J'abandonne ma gloire
Choquel
COLASSE
Ouverture
Thétis et Pélée, 1689
Onzembray

132

Ouverture (*suite*) Onzembray

Loure

»

LALANDE

Te deum, 1684 [1]

Ouverture « *Symphonie* »

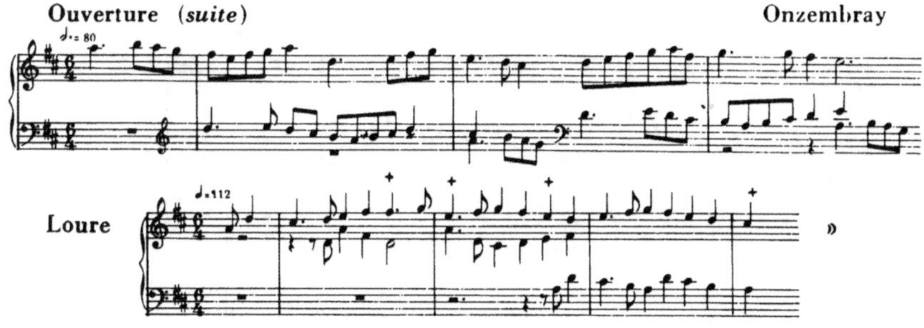

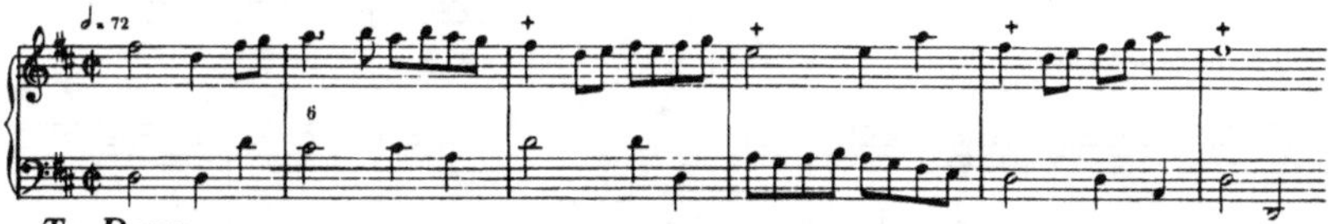

Te Deum

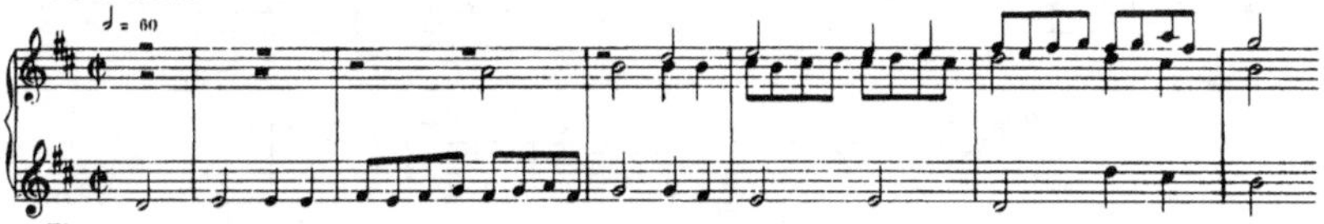

Te aeternum

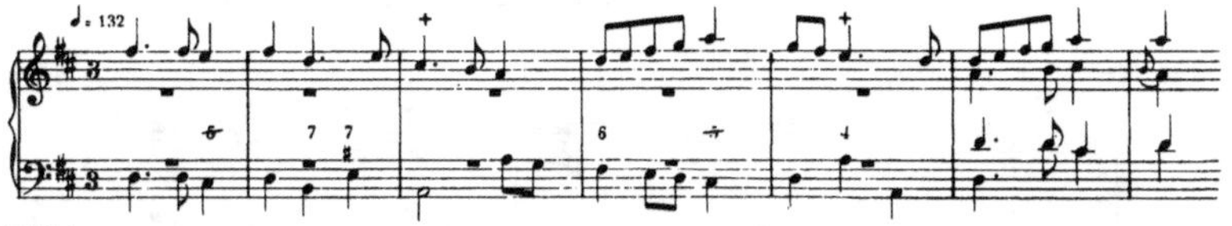

Tibi omnes

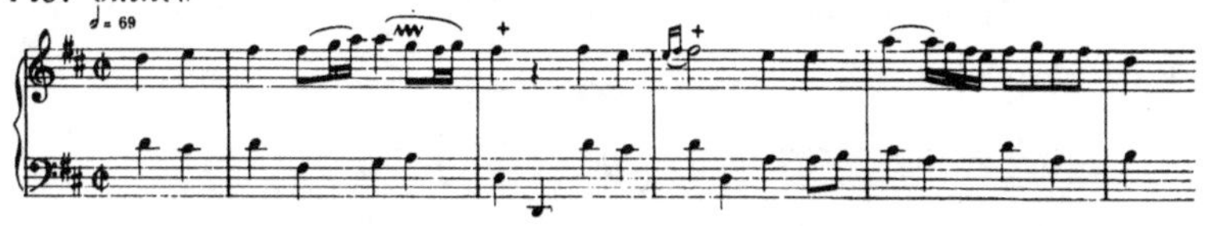

1. Mouvements métronomiques établis sur un minutage détaillé de l'époque (Conservatoire H 400 D).

Tibi cherubim
Sanctus
Te Gloriosus (duo)
Te per orbem
Patrem
Tu Rex
Tu ad liberandum

134

Tu devicto
Tu ad dexteram
Te ergo
Aeterna fac
Salvum fac
Et Rege Eos
Per singulos Dies

Miserere, 1687 [1]

Choquel

1. Traités se référant au pendule

Lux orta est
Dominus Regnavit, 1704
Choquel
CAMPRA
Passepied
L'Europe galante, 1697
Onzembray
Rigaudon
Onzembray
Menuet
Tancrède, 1702
Duo
Choquel
Les Fêtes vénitiennes, 1710
Air

DESTOUCHES
Issé, 1697

Marthésie, 1699

Omphale, 1701

CLÉRAMBAULT
Alphée et Aréthuse, 1713

138

HAYDN

1. *Remarks on the terms, at present used in music, for regulating the time* dans *Monthly magazine*, décembre 1799-janvier 1800, pp. 941-943. Hændel est également cité par Crotch, mais les mouvements qu'il donne sont sujets à caution. Au lieu de donner les tempi selon des traditions datant du vivant de Hændel, Crotch nous transmet les mouvements des exécutions à effectifs gigantesques inaugurés à l'abbaye de Westminster en 1784. Ils illustrent le phénomène de ralentissement déjà mentionné (note page 112). Voir l'appendice page 143, ainsi que la note biographique sur Crotch.

Symphonie « L'Empereur »

Andante Crotch

Symphonie « La Reine »

Andantino »

Sonate de piano, Opus 17, n° 4

Allegro »

Symphonie « Roxelane », 1ᵉʳ mouvement

Vivace »

Sonate de piano, Opus 17, n° 2. Final

Prestissimo »

1.   ♪ = 72 selon Crotch. Vraisemblablement une faute d'impression (voir l'Adagio 2/4 ci-dessus).

140

MOUVEMENTS DONNÉS PAR HAYDN LUI-MÊME

Quelques exemples de *tempi* relevés sur une horloge musicale construite et réglée avec la collaboration du compositeur :

Fuga

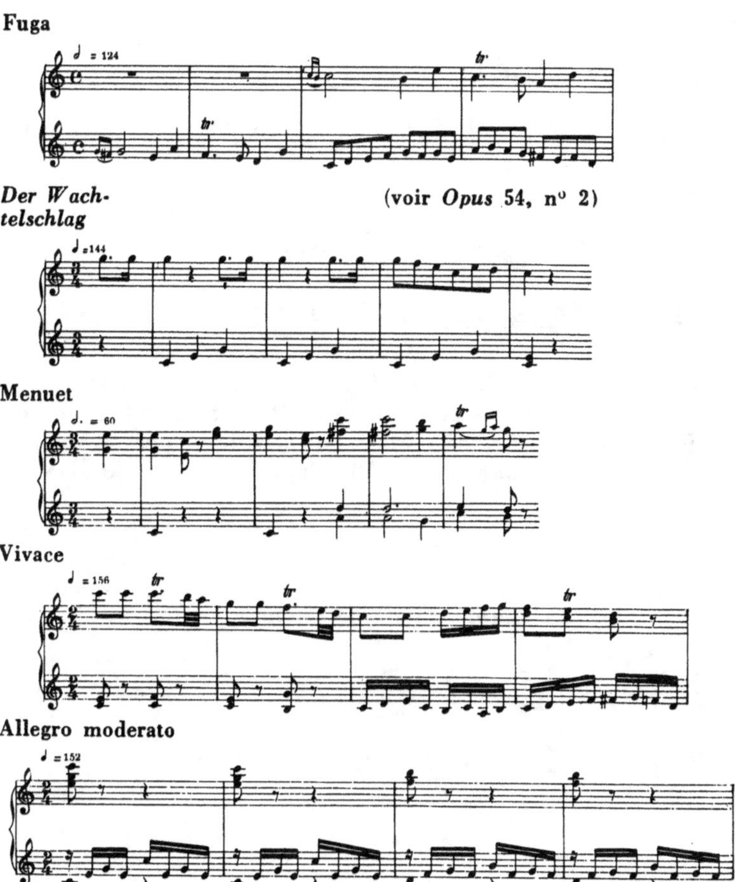

Andante

Allegro

Presto

La « musique mécanique » offre bien d'autres exemples d' « enregistrements » de maîtres : Mozart, Gluck (pendule de Marie-Antoinette), etc. Mais l'authenticité des *tempi* n'y est pas assurée comme dans « l'horloge à flûtes » de Haydn.

J. C. BACH

Larghetto

Crotch

« La Clemenza di Scipione », 1778[1]

1. Selon référence au pendule.

APPENDICE

HÆNDEL TRAHI
mouvements selon l'optique du 18e siècle [1].

1. Voir la note sur Crotch, p. 150.

Larghetto a tempo ordinario

Allegro
Crotch
And the glory of the Lord
Allegro
He trusted in God
Concerto de Hautbois n° 2
Vivace
Le Messie
Alla breve
And with his stripes
« Salomon »
Alla breve
Throughout the land
« Le Messie »
Prestissimo
But who may abide

NOTES BIOGRAPHIQUES

L'AFFILARD (Michel). Chanteur de la Sainte-Chapelle du Palais de Paris
(1679), puis de la chapelle du Roi (1696). Maître de chant réputé.
Sa méthode *Principes très faciles..* eut un grand succès et de nombreuses rééditions.

BACH (Carl-Philippe-Emmanuel). C.P.E. Bach, dont le traité *Essai sur
l'art véritable de jouer des instruments à clavier* parut après celui
de Quantz, était de dix-sept ans plus jeune que celui-ci. Alors que
Quantz résume le demi-siècle passé, C.P.E. Bach était tourné vers
l'avenir. Remarquable pédagogue, son influence ne se borne pas
aux élèves qu'il forma, mais, comme le dit William J. Mitchell
(réédition de l'*Essai*, Norton, 1949) :

> *Sa réputation de chef d'école se fit d'une manière beaucoup plus
> caractérisée par l'entremise de ses compositions et de son Essai.
> Ce dernier ouvrage était qualifié par Haydn d' « école de toutes
> les écoles ». Et Mozart, Beethoven, Clementi ajoutèrent leur témoi-
> gnage, disant unanimement de C.P.E. Bach que sa musique deman-
> dait à être étudiée, et pas seulement jouée. Beethoven, après avoir
> entendu jouer le jeune Czerny en 1801, se tourna vers son père et
> lui dit : « Votre fils a du talent, j'en fais mon élève. Envoyez-le-
> moi une fois par semaine. Ne manquez pas de vous procurer le
> livre d'Emmanuel Bach sur l'art véritable de toucher les instru-
> ments à clavier, afin qu'il l'apporte avec lui à sa première leçon. »
> Czerny relate de son côté que la méthode d'enseignement de Bee-
> thoven suivait de près celle de l'Essai... Tous ces hommes, en par-
> ticulier Haydn, qui avait découvert C.P.E. Bach dans sa jeunesse
> et ne l'avait jamais oublié, peuvent être considérés comme des
> élèves dans le sens large du mot.*

BOURGEOIS (Loys). Né à Paris vers 1510. Il fut l'un des premiers musiciens qui harmonisèrent les psaumes français sur des paroles de Clément Marot. Il composa également les mélodies pour quelques-uns
de ces psaumes. Il vivait à Genève entre 1545 et 1557.

CHAPELLE (Jacques-Alexandre de la). Musicien du milieu du XVIIIe siècle.
On a de lui un livre d'*Airs à chanter* (Ballard, 1735), une Canta-

tille : *Les plaisirs de la campagne.* Son ouvrage intitulé *Les vrais principes de la Musique...* (1736) fut plusieurs fois réédité.

CHOQUEL (Henri-Louis). Avocat au Parlement de Provence. Auteur de *La Musique rendue sensible par la Méchanique ou Nouveau Système pour apprendre facilement la Musique soi-même, ouvrage utile et curieux* (1759). Il mourut à Paris en 1767.

CORRETTE (Michel) (1709-1795). Compositeur, éditeur, auteur de méthodes de violon, de violoncelle, de clavecin, de chant, de flûte. Féru de musique italienne, il publia les œuvres de Domenico Zipoli (1739).

CROTCH (William) (1775-1847). Compositeur et organiste célèbre, professeur de musique à Oxford, puis directeur de l'Académie de Musique à Londres. Auteur de traités d'harmonie, de composition, d'accompagnement sur la basse continue. Ses indications de mouvements, en ce qui concerne Hændel (Oratorios), nous transportent à l'Abbaye de Westminster à la fin du XVIIIe siècle et n'ont de valeur qu'en tant que documents sur l'une des étapes de l'exécution haendelienne en Angleterre. Elles ne sont nullement l'expression des traditions datant des exécutions originales, mais plutôt des témoignages des premières manifestations de conceptions romantiques qui firent le bonheur du XIXe siècle :

> *A mesure que se succèdent les âges, les horizons se rétrécissent. Nous perdons ce qui était, à moins que le poète n'éveille notre conscience sur le fait que l'ultime appréciation de l'excellence implique une réalisation de la sagesse de nos ancêtres. La largeur d'idées est l'un des attributs des grands et nous sommes sans cesse en danger de matérialiser à la lecture ce que nous imaginons devoir y trouver. Nous ajustons Shakespeare selon nos inclinations, au lieu du contraire; nous faisons le gothique classique et le classique gothique d'après le goût de notre génération, nous révolutionnons Mozart et revivifions Bach; quant à Hœndel, nous le tournons dans un sens ou dans l'autre ainsi qu'un peintre dispose des attitudes de son modèle, si bien qu'il finit par ne plus guère ressembler à lui-même. Nous allons jusqu'à vouloir nous en justifier... Les exécutions de 1784 à l'Abbaye de Westminster démontrèrent qu'une nouvelle méthode d'interprétation de Hœndel était possible. Des centaines de chanteurs mêlés à des centaines d'instrumentistes pouvaient faire des prodiges de grandiloquence massive. C'est alors que se mit en branle cette idée fallacieuse qui associe le gigantesque à la qualité artistique. L'impulsion en était donnée pour le XIXe siècle...*

(Percy M. YOUNG : *The Oratorios of Hœndel* (Conclusion). Londres, 1949.)

LOULIE (Étienne). Vécut durant la seconde moitié du XVIIe siècle. Musicien au service de Mlle de Guise. Inventeur, notamment, d'un « chronomètre » pour mesurer les temps de la musique. Cet appareil se composait d'une règle verticale divisée en 72 degrés et d'un pendule réglable selon ces divisions.

Muffat (Georg). Né en Alsace vers 1645. D'une famille d'origine écossaise. Il fut à Paris pendant six ans l'élève et l'interprète de Lully, dont il s'efforça par la suite de répandre l'enseignement tant en Allemagne qu'en Autriche et en Italie. La préface de ses suites de *Symphonies*, publiées sous le titre *Suavioris Harmoniae Instrumentalis hyporchematicae Florilegium* (volume I, Augsbourg, 1695; volume II, Passau, 1698) est en quatre langues : latin, français, italien et allemand. Elle renferme un abrégé des préceptes de l'école de Lully, déjà suivis, nous dit Muffat, *par les Français, les Anglais, ceux des Pays-Bas, et plusieurs autres.*

Onzembray (ou Louis-Léon Pajot, comte d'Ons-en-Bray, 1678-1754). Membre de l'Académie des Sciences. Inventeur d'un « métromètre », perfectionnement du pendule de Loulié.

Quantz (Johann-Joachim, 1697-1773). Écrivit en 1752 son *Essai d'une méthode pour apprendre à jouer de la flûte traversière.* Titre modeste, puisque ce livre résume les connaissances de son auteur sur l'exécution de la musique tant du point de vue du chef d'orchestre et de l'accompagnateur que de celui des principaux instruments de l'orchestre. Il jouait lui-même, outre la flûte, du hautbois, du clavecin, de la contrebasse, etc. Ses observations sur les différences entre les styles italien et français sont d'autant plus intéressantes qu'il se piquait, en tant que compositeur, d'en faire un alliage digne de s'appeler « style allemand », et qu'il avait séjourné à Rome, Paris et Londres suffisamment pour assimiler ces styles et connaître personnellement D. Scarlatti, Vivaldi, Rameau, Hændel, etc. Son titre de Musicien et Compositeur à la Cour de Frédéric II lui permit, durant les dix années qui précédèrent la publication de ce traité, de rester en contact avec les principaux courants de la musique européenne par les fréquents passages de musiciens attirés à la Cour du roi musicien. C'est durant cette période qu'il connut C.P.E. Bach (également attaché au service du roi) et put rencontrer J.-S. Bach et Wilhelm Friedman en 1747, lors de la fameuse visite qui fut à l'origine de *L'Offrande musicale.*

Rousseau (Jean-Jacques). « Ne possédait que d'imparfaites connaissances techniques », dit Riemann. C'est ce que pensèrent les contemporains à la lecture de ses articles sur la musique pour l'*Encyclopédie* de Diderot (1751-1765). C'est en partie pour effacer cette impression fâcheuse que Rousseau fit paraître son *Dictionnaire de Musique* (1767), lequel, à part les opinions personnelles de l'auteur, souvent discutables, et un fatras de théories (sur la musique antique en particulier), est d'un intérêt certain. Il nous renseigne assez exactement sur un grand nombre de points précis. Mis à part les sujets prêtant à polémique, les articles du *Dictionnaire* ne sont que l'expression des connaissances générales de son temps, ce qui en fait la valeur.

Sᴀɴᴄᴛᴀ Mᴀʀɪᴀ (Fray Thomas de). Né à Madrid, mort en 1570. Maître de musique, organiste, dont la réputation demeure surtout par son remarquable et important traité intitulé : *Arte de tañer Fantasia, asi para Tecla como para Vihuela, y todo Instrumento, en que se pudiero tañer a tres, y a cuatro vozes, y a mas...* (Valladolid, 1565).

Sᴀᴜᴠᴇᴜʀ (Joseph, 1653-1716). Mathématicien, acousticien, professeur au Collège de France, membre de l'Académie des Sciences. Fit de remarquables travaux, notamment sur les sons harmoniques, les vibrations, l'accord tempéré des instruments à clavier.

TABLE DES MATIÈRES

TABLE DES MATIERES

ISBN   978-2-246-04462-8

www.ingramcontent.com/pod-product-compliance
Lightning Source LLC
LaVergne TN
LVHW051232060726
842526LV00013B/2919